AF444113

Los secretos del lenguaje canino

Los secretos del lenguaje canino

Marcos J. Ibáñez

Segunda edición: Enero 2021

Dedicado a todos aquellos que desean aventurarse en el
fascinante mundo de la comunicación y lenguaje canino.

Y, lo más importante para mí, a mi esposa Miriam y mi
gran familia canina, equina y gatuna, ejemplos de fuerza y
amor incondicional que me impulsan cada día.

Dedicatoria

De _______________________________________

Para ____________________________________

Fecha ___________________________________

Firma

ÍNDICE

INTRODUCCIÓN

Hay seres que llegan a nuestras vidas para transformarnos y así mostrarnos caminos alternativos que desconocíamos. Hay seres que llegan a nuestras vidas para enseñarnos, para demostrar que la vida es más y que realmente vale la pena vivirla.

Seres que viven el presente, que transmiten pasión en lo que hacen y que son un ejemplo magistral disfrazados de simples compañeros.

Son los grandes olvidados por la sociedad y los más presentes en nuestros corazones. Los avances en neurociencia, biología, etología, educación, psicología, fisiología y todas las nuevas ciencias que nos ayudan a entender cómo somos y cómo interactuamos con el mundo nos demuestran que nuestra relación con la naturaleza y los animales es innata, profunda y necesaria.

Cada día es más necesario aprender a traspasar los patrones y apariencias que nos impone nuestra sociedad tecnológica, y cada día existen más evidencias de cómo los animales y las plantas son la clave para este cambio.

Necesitamos la naturaleza y los animales que nos rodean. Necesitamos de aquellos en excelencia que nos han acompañado en el camino desde hace miles de años con su sabiduría y buen hacer.

Seres que nos admiran, nos adoran, nos protegen, nos cuidan y, ante todo, nos enseñan. Ellos, fieles compañeros, que hoy en día ya consideramos miembros de nuestra familia.

Nuestras vidas se ven revolucionadas gracias a ellos y con su simple presencia nos demuestran, una y otra vez, que hay otra forma de vivir. Ellos, los perros, que nos escuchan como fieles consejeros. Ese maestro invisible que nos acompaña en nuestras frustraciones, nuestras depresiones, nuestros enfados y nuestros malos momentos con aceptación y enorme paciencia.

Es, sin lugar a dudas, una de las claves que mantiene el equilibrio físico y mental en muchas familias.

Los perros forman parte de nuestra intimidad y uno de los secretos mejor guardados del éxito de grandes referencias en todo el mundo reside en este ser tan especial y tan poco valorado socialmente.

Y cada día más este secreto se desvela tímidamente. Cada día más la sociedad se da cuenta del valor tan profundo que aportan los perros.

La palabra «perros» se transforma en un nuevo concepto, una nueva idea asociada a grandes atributos de alegría, compasión, paciencia, resiliencia, amistad, familia y por supuesto amor.

Los perros ya forman parte de nuestra vida y son parte esencial de nuestro éxito. Los últimos estudios en cognición animal orientados al mundo canino nos demuestran que los perros son más inteligentes de lo que la mayoría jamás se puede llegar a imaginar, y que combinan con su amor y pasión hacia nosotros influyéndonos en nuestro crecimiento y desarrollo.

Efectivamente, nuestros perros se enamoran de nosotros, y gran parte de lo que hacen y nos toleran se debe a ese amor que sienten. Estudios científicos nos demuestran que nuestros perros nos analizan continuamente y nos estudian. Prestan una gran atención a todo lo que hacemos y reconocen nuestros diferentes estados emocionales y reaccionan ante ellos. Los perros son nuestros grandes admiradores y nuestra fuente de salud, mientras que nosotros, desde nuestra posición de «propietarios», solemos hacer bien poco por ellos.

Siendo supuestamente el animal más inteligente de la tierra, somos incapaces de entender la mayoría de los comportamientos de nuestros perros. Nos enfadamos con ellos cuando no obedecen, cuando hacen algo mal, cuando somos nosotros los que no nos enteramos y somos la principal fuente de sus problemas, frustraciones y falta de felicidad.

Es momento de salir del armario canino. Es momento de reconocer todo lo que nos aportan en la vida y es momento de empezar a conocerles mejor.

Ha llegado el momento de iniciar este camino de conocimiento y autoconocimiento, para mejorar nuestro vínculo con nuestros perros, para mejorar nuestro conocimiento de su lenguaje y para mejorar, en definitiva, nuestra capacidad de integrarles en nuestros hogares como se merecen.

Es un camino de crecimiento, como familia y como persona. El conocerles mejor implica necesariamente conocerte mejor.

Este es un libro de perros, sí, y también es un libro de autoconocimiento y desarrollo. Aunque la temática que aborda el libro está orientada a los perros, no debemos olvidar que la esencia del lenguaje y los problemas de comunicación es algo universal, y la principal fuente de conflictos no solo dentro de la familia, sino también en nuestra sociedad.

Aquellos que ya han leído *Descodificando el lenguaje canino: hablando se entienden los perros* habrán descubierto el poder que se oculta entre sus páginas y el desarrollo que han vivido a lo largo de su lectura. Un libro de perros que nos transforma. Este libro que tienes en tus manos busca alcanzar a muchas más personas por su simplificación de conceptos y sencillos pasos para entender la comunicación canina de forma más rápida y sencilla.

A lo largo del libro, encontrarás también anécdotas que son, a su vez, relatos inspiradores. Maestros caninos que nos ilustran con sus gestos, y que tan solo debemos aprender a escuchar y observar.

«Cuando el alumno está preparado, aparece el maestro»
#secretosdelenguajecanino

Como descubrirá el lector, se trata de abrir los ojos a la magia canina que desprenden nuestros perros.

Es por ello que el libro se ha estructurado de tal forma que ayude al lector a construir y desarrollar sus capacidades de observar y entender la comunicación canina de sus perros y los demás de forma gradual y paulatina.

La primera parte del libro está orientada a aportar sencillos ejercicios que ayuden al lector a preparar el viaje y aprender a observar con atención. Seguidamente se introducen las claves más esenciales de las señales de fluencia para adentrarnos en algunas de las estructuras comunicativas o señales más frecuentes que suelen emitir los perros. De la gran variedad de estructuras comunicativas se han destacado las que más consultas me han generado a lo largo de mi carrera, hasta llegar al maravilloso y mágico proceso de fluir. Sin lugar a dudas, el proceso de fluir es uno de los procesos comunicativos más bellos que puedes llegar a observar tanto en perros como en cualquier relación social.

Llegados a este punto, es momento de hablar de la estructura o, como suelo decir, la estructura de la magia canina, y descubrir el esquema de las señales de fluencia simplificado. Un esquema que fui confeccionando a lo largo de los años, y que ha cambiado mi forma de ver y entender el mundo, y las correspondencias comunicativas. En el esquema puede percibirse de forma resumida la estructura de la magia y haciendo referencia a Carl Gustav Jung, puedes ver el reflejo entre la luz y la sombra y su integración en el proceso de fluir.

En la parte final del libro expongo al lector la fórmula simplificada de la magia, la cual le ayudará a estructurar mejor la lectura y la interpretación de la comunicación de su perro, y abrir así nuestra mente a sus mensajes ocultos.

Sin lugar a dudas, un apasionante viaje de descubrimiento y desarrollo que estamos a punto de iniciar.

PRÓLOGO

Hace casi dos décadas, mi vida se había convertido en un auténtico caos. Con toda la ilusión del mundo adoptamos una perrita que había sido encontrada sobreviviendo en la basura. Mordía muebles, puertas, mordía absolutamente todo, hasta a nosotros. Se meaba por todos lados, no hacía caso, se escapaba, tiraba la comida, tiraba el agua. Era todo lo opuesto a lo que nos podíamos esperar. Nos resultó desconcertante y extremamente desesperante. En ese momento no podíamos imaginar el regalo que se nos estaba ofreciendo.

Quería entenderla, conocerla, saber por qué se comportaba así, sobre todo, entender su lenguaje canino. Indagué todo lo que pude, para lo que inicié un viaje que me llevó a recorrer muchos países y conocer a cientos y cientos de perros. Estudié todo lo que existía sobre comunicación canina, tanto en castellano como en inglés, siempre que podía me acercaba a conocer a alguna persona que era reconocida por sus habilidades para entender y comunicarse con los perros. Esos viajes me ayudaron a conocerla mejor, a entenderla y, a su vez, a conocerme mejor a mí y mi entorno.

Durante mi búsqueda, he tenido la oportunidad de conocer a grandes personas que me han inspirado a seguir buscando. Un día pasó algo totalmente inesperado para mí. Estaba sentado en un parque observando a los perros interactuar, y tomando notas y apuntando las señales que emitían. Había un perro en un lateral del parque canino, tumbado y descansando como si estuviera durmiendo. Dos perros jóvenes se acercaron sigilosamente a olerle cuando, de repente, sin motivo aparente, se abalanzó sobre uno de ellos y empezó a morderle de forma violenta. Los segundos parecían eternos y no había forma de separarles hasta que, de repente, los propietarios consiguieron separarles. Fue un auténtico drama, muchos lloros y dolor por parte de los propietaritos, y graves heridas por parte del perro joven que casi perdió un ojo.

En cuanto llegué a la zona de los hechos, asistí al perro herido y les ayudé a llevarlo al veterinario. Mientras esperaba en la sala de espera, quedé secuestrado por mis pensamientos. Me sobrecogió un inmenso malestar y me decía una y otra vez: «¡Esto no debería haber ocurrido! ¡Ha ocurrido algo aquí que nadie me ha explicado!». Por un momento, sentí que todo lo que había aprendido era mentira, y un sentimiento de dolor y rabia corría por mi interior.

Esta experiencia creó un gran impacto en mi interior e hizo cuestionarme muchas creencias que hasta el momento tenía como «verdad».

CAMBIO DE PERSPECTIVA

¿Qué pasaría si el concepto de comunicación canina y lenguaje canino que hemos estudiado hasta el día de hoy se hubiera tomado desde un enfoque equivocado? ¿Qué pasaría si las ideas que tenemos sobre las señales caninas estuvieran mal planteadas? ¿Y si cada perro tiene su forma propia de comunicación, influida por el entorno, tendencia genética, experiencia, y fisiología?

Este planteamiento implicaría que la comunicación no consta de señales fijas, sino que las señales serían simplemente tendencias comunicativas. Esto implicaría que cada perro tiene su forma de expresar un estado interno de miedo, de expresar su ira o de expresar su confusión.

La estructura fisiológica limitaría el repertorio conductual y de expresividad de los perros, afectando en su forma de expresarse según sus capacidades fisiológicas, las cuales varían, por ejemplo, según las razas.

Me cuestioné la comunicación desde la misma base. Por ejemplo, el perro, como animal terrestre, requiere entender las leyes básicas que imperan en el mundo, como por ejemplo lo que llamamos «leyes de Newton». Es decir, lo grande, muy caliente y rápido implica mucha energía, mucha potencia. Lo pequeño, frío (*sin calor) y lento implica poca energía, poca potencia.

También sabemos por la física que lo estático, muy frío y rígido contiene una gran energía acumulada, que puede transformarse en cualquier momento en energía en movimiento o calor. Esto explica el típico caso de ciertos animales salvajes, que se arrinconan como si estuvieran casi dormidos y, de repente, atacan de forma violenta y desproporcionada.

De tal forma que seguramente casi todos los animales entienden que mucha energía o potencia puede llegar a ser peligrosa. Y, por otro lado, poca energía o potencia es menos peligrosa y propicia el acercamiento.

Lo que me ayudó a entender esta idea fue el observar a las madres con sus cachorros. Ella es grande y fuerte, y su interacción con sus cachorros es suave, con movimientos armónicos y carenciados. Les aporta calor templado, olores maternales, y alimento de fácil ingestión y digestión. Son vulnerables, son débiles, y su relación y cercanía se basa no meramente en entrega de alimento, sino en la propia interacción de cercanía suave y armoniosa.

Les cuida y se comunica con ellos de forma amable, exponiendo sus partes íntimas y blandas. Dulcifica sus zonas duras de tal forma que aunque utiliza los dientes para interactuar con ellos en ciertos momentos de manipulación, lo hace con sumo cuidado, esmero y sin brusquedad.

En su lado opuesto, en caso de percibir una amenaza o un peligro, esta dulce madre se convierte en una auténtica guerrera en defensa de su familia, y para ello utiliza sus partes duras (como los dientes), su fuerza, tamaño y energía para afrontarlo.

De esta forma, el perro que siente un impulso de acercarse al otro debe dulcificarse y para conseguirlo, moldea su expresión corporal y facial, permitiéndole así el acercamiento sin intimidar al otro.

Si observamos a un cachorro cuando se acerca a su madre, observaremos que este lo hace de forma amistosa y familiar. Observaremos que tenderá a usar partes blandas (como mostrar la barriga o hacerse más pequeño de lo que es), movimientos suaves y carenciados, sonidos infantiles, etc.

Entre la repartición de duro y suave (blando) también tendremos en cuenta los olores y las feromonas. Los olores son la parte de la comunicación donde los humanos somos casi ciegos o sordos, es decir, son inoloros para nosotros, pese a que ellos los entienden perfectamente.

Sabemos que los perros emiten muchísima información en cuanto al olor, como la que emiten los cachorros (olores que indican que son débiles e indefensos), en contraposición a un adulto en posición de amenaza (que emite olores de fuerza).

Desde esta nueva perspectiva, este nuevo enfoque o paradigma lo que hasta ahora entendemos como estados constantes y lineales de comunicación, señales inequívocas de significados fijos, cambiaría para siempre.

Por ejemplo, el perro que llamamos «dominante» (se trata de un comportamiento observable de imposición y fuerza) puede que en realidad esconda a un perro sin recursos, el cual no sabe negociar y ante el miedo a que la hagan daño, ataca al otro sometiendo, impidiendo así cualquier acción defensiva en su contra. Al no tener recursos para gestionar la situación, lo que necesita es librarse del peligro que tiene delante como puede.

Un perro que realmente es estable y maduro implica que es un perro con recursos internos, el cual mostraría una gran habilidad para controlar su entorno y cambiar sus estados internos para adaptarse a los cambios «del oponente». Un perro estable y maduro es capaz de conseguir solucionar un conflicto sin necesidad de hacer daño al otro.

Este punto es relevante porque la idea de «dominancia» se ha utilizado frecuentemente para describir al perro de referencia, al que el propietario debe emular. Ahora sabemos que el perro que es un verdadero maestro no es el que ataca o se muestra impositivo, sino el que es capaz de solucionar un conflicto sin necesidad de usar la fuerza.

Es decir, un perro que sabe salirse con la suya y que para ello utiliza la suavidad, la paciencia y el autocontrol es el mejor maestro canino que podemos tener.

Bajo estas premisas, se inicia este apasionante viaje hacia el maravilloso y fascinante mundo canino y su lenguaje.

SPIRO, EL MAESTRO

Un enorme perro de aspecto feroz galopaba frenético hacia nosotros. Ladrando, gruñendo y lanzando mordiscos al aire. En ese momento, un joven husky rojizo se adelantó de forma rápida y directa hacia él, clavándole la mirada y emitiendo un seco y rotundo ladrido. En ese momento, el gran perro atacante se frenó en seco, a una distancia de dos palmos cara con cara.

Spiro, que así se llamaba el joven husky, manteniendo su postura corporal, giró ligeramente la cara hacia un lado y dirigió su mirada hacia el exterior para a continuación volver a mirarle.

El gran perro, posiblemente cruce de mastín o algún tipo de perro de presa, giró ligeramente la vista hacia un lado. Acto seguido, Spiro giró la cabeza de forma más marcada y volvió a mirar al exterior, se movió lentamente hacia un lateral y se puso a oler el suelo. Acto seguido, miró fijamente al gran mastín, el cual agachó la cabeza y giró su cuerpo ciento ochenta grados, ante lo cual Spiro volvió a mirar al suelo a olfatear, manteniendo su postura corporal. El otro perro se alejó lentamente mirando de reojo y hasta que finalmente desapareció.

El joven husky levantó la cabeza para observar cómo se alejaba, se sacudió, orinó en un lateral y acto seguido se acercó a nosotros de forma relajada y confiada, y nos miró como diciendo: «Tranquilos, no hay peligro, yo me encargo».

Spiro, antes de llegar a nuestro hogar, era un perro con malas perspectivas y al borde de la muerte. Como muchos perros abandonados, este joven husky estaba en un refugio en el cual había dejado de comer. Al parecer, nadie lo quería adoptar y se consumía día a día. Su historia nos conmovió tanto que lo adoptamos sin pensarlo.

En aquel momento pensamos que habíamos sido como sus ángeles, pero la realidad es que fue él quien trajo una enorme y brillante luz a nuestras vidas.

En poco tiempo se transformó en un perro activo, simpático, muy alegre y con tanto corazón como carácter. Le gustaba salirse con la suya y también le encantaba solucionar conflictos. Cuando algún perro iniciaba alguna pelea, Spiro aparecía y lo solucionaba al instante de forma milagrosa.

Observar a Spiro era un auténtico espectáculo. Se convirtió en mi compañero y anfitrión en mi centro de recuperación de perros con problemas de conducta. Cuando llegaba un cliente nuevo, era Spiro quien le recibía. Entendía el lenguaje de los perros como no había visto a ningún otro perro.

Si llegaba un perro con grave agresividad hacia otros perros, incluso con historiales dramáticos por haber matado a varios perros sin compasión, Spiro conseguía en segundos lo inimaginable. Combinaba movimientos laterales, movimientos de cabeza con miradas fijas, incluso gruñidos y movimientos rápidos. En cuestión de segundos, el perro recién llegado se mostraba relajado y cordial, y es cuando el propietario del perro mostraba una característica expresión de sorpresa y fascinación.

Y Spiro parecía tener habilidades para todos. Si llegaba un perro con miedo, no tardaba en hacerse su amigo y guiarle en su proceso de recuperación de forma cordial y alegre.

Si tuviera que decir su característica más destacable diría que era un perro feliz que le encantaba ayudar a los demás.

Se puede decir que mi gran maestro, el responsable de mi despertar al verdadero y profundo lenguaje canino fue este magnífico husky llamado Spiro.

PERROS QUE NOS ENSEÑAN

Los perros son animales sociales que han sido seleccionados durante miles de años para convivir de forma saludable y armónica con los humanos. Es por ello que los perros han desarrollado ciertas habilidades tanto para comunicarse con nosotros como para entendernos. Además, debido a la variedad tan extensa de perros que hay por el mundo, han tenido que potenciar ciertas habilidades comunicativas para que de esta forma puedan entenderse entre la extensa variedad canina que tenemos en la actualidad.

Los perros tienen una comunicación multisensorial que hemos agrupado dentro de las señales de fluencia. Nosotros como humanos tenemos una limitada capacidad de entender la comunicación canina, ya que somos básicamente visuales y en general solemos fijarnos poco en los perros.

El lenguaje canino tiene su base en una comunicación muy antigua que en esencia comparten con sus parientes lejanos, los lobos. Las primeras versiones de nuestros actuales perros tuvieron que adaptarse a vivir cerca de los humanos, entender sus estados emocionales y, a su vez, evitar conflictos entre ellos. Es de suponer que perros que se pelearan entre ellos fueran expulsados de los poblados, mientras que eran aceptados y bienvenidos aquellos perros que mostraban buena conducta tanto hacia los humanos como entre ellos.

Esto implica que el perro ha necesitado desarrollar habilidades comunicativas tanto para entender a los humanos como para hacerse entender entre ellos, incluso en situaciones de alta tensión.

De tal forma que los grandes maestros en la comunicación canina son y han sido siempre los perros, especialmente aquellos que entienden nuestras necesidades y transmiten esas enseñanzas al resto de los perros de la manada, de la familia.

APRENDIENDO A OBSERVAR

«No basta examinar; hay que contemplar: impregnemos de emoción y simpatía las cosas observadas; hagámoslas nuestras, tanto por el corazón como por la inteligencia».
Santiago Ramón y Cajal

La observación de los perros ha sido desde hace mucho tiempo un aspecto de gran importancia para los humanos, siendo esta clave para mejorar la comunicación y como consecuencia mejorar el trabajo colaborativo. Sabemos que en la antigua Grecia ya se observaba a los animales con fines de estudio. Aristóteles ya mostró un exponente en la tradición de estudios en los animales, en sus admirables estudios con descripciones detalladas y explicativas. Aunque no fue hasta los años 60 cuando se hizo un análisis del comportamiento de los caninos y señales comunicativas desde una perspectiva científica.

Los estudios realizados en los años 60 en lobos se centraron en observar la comunicación al llevar a los animales a situaciones extremas. De aquí surgieron muchas ideas relacionadas con la dominancia y la sumisión. Observaron también otro tipo de señales que «cortaban» el conflicto (el ataque), aunque en el estudio de aquel entonces la observación se centró en la comunicación en situaciones extremas donde surgía el dominio o imposición. Se considera que fue Konrad Lorenz quien incorporó estos conocimientos al mundo canino, destacando las señales más intensas que se producían en los conflictos, introduciendo la idea de dominancia y sumisión al mundo canino. Algunos autores usaron esta visión para amplificar y deformar la perspectiva de Lorenz, dando lugar a la idea que nos ha llegado hoy en día sobre la dominancia. Años más tarde, otros autores recuperaron estos estudios y con ellos, las señales de corte. Observaban en otros cánidos como los perros, también aparecían las «señales de corte» como forma de evitar conflictos y algunos autores les llamaron «señales de apaciguamiento». Según concluyeron, mediante estas señales eran capaces de apaciguar una situación evitando la agresión.

Estos estudios realizados con pocos ejemplares se generalizaron como si fueran iguales en todos los demás perros. Se les dio un valor fijo, único y se extendieron como idénticas para todos. Como resultado, surgieron una serie de «diccionarios de comunicación canina» que permitían que una persona con pocos conocimientos fuera capaz de detectar esas señales y saber de forma inequívoca lo que estaba expresando el perro. El lado oscuro de esta forma de actuar es que muchas personas dejaron de observar a sus perros para observar únicamente «señales».

Este enfoque es el imperante en nuestra sociedad canina actual en todo el mundo y como estará deduciendo el lector, tiene serias limitaciones. Cada perro es un mundo y no todas las señales que emiten significan exactamente lo mismo.

Es momento de que los propietarios y profesionales vuelvan a observar a sus perros con cariño y compresión, y así entender lo que trasmiten sus perros más allá de meros diccionarios.

PROPIETARIOS OBSERVANDO A LOS PERROS

La comunicación entre los propietarios y sus perros es constante, aunque una gran mayoría no es consciente de qué están comunicando y qué mensajes están enviando y recibiendo.

El ser capaz de interpretar el lenguaje de nuestros perros constituye una parte vital de nuestra relación con ellos.

Piensa por un momento: ¿has sonreído a tu perro en algún momento? ¿Le has girado la cara cuando ha hecho algo que no te gustaba? ¿Le has mirado fijamente cuando estaba a punto de hacer una trastada? ¿Le has señalado hacia un sitio con la intención de que vaya allí? ¿Le has acariciado mientras decías en tono suave y cariñoso: «tranquilo»? Seguro que la respuesta es sí y esto significa que utilizas tu sistema de comunicación completo para expresarte con tu perro.

Hay muchas escenas que se producen a lo largo del día, en las cuales nos comunicamos con nuestros perros y ellos nos entienden más allá de las palabras. El perro, a su vez, también se comunica contigo constantemente y habitualmente no lo suelen hacer de forma verbal, sino que suelen utilizar su cuerpo y expresiones faciales para enviarnos mensajes y transmitirnos sus mensajes.

Estoy seguro de que sabes cuándo tu perro quiere salir a la calle, tiene hambre, sed, cuándo quiere jugar contigo, etc., y estos mensajes no los identificas únicamente por sus sonidos.

Es habitual observar cómo un perro se sienta delante de su cuenco de agua vacío, mirándolo como pensativo, y luego te mira a ti. En caso de que no le hagas caso, es posible que empiece a poner sus patas dentro y rascar, y en algunos casos más sofisticados, son capaces de cogerlo con la boca, llevarlo a tu lado y ponerlo junto a tus pies.

Existen también otras señales de las que somos menos conscientes y las emiten constantemente a lo largo del día como, por ejemplo, ponerse ligeramente detrás de ti cuando se cruza con algo o alguien que le da miedo, o cambiarse de lado al pasear, o tumbarse muy pegado a tu lado después de un suceso que les ha disgustado.

¿Cómo empezar a observar?

El primer secreto que debes aprender es que la comunicación de tu perro se aprende observando. Aquellos que saben mucho de comunicación canina tienen todos algo en común: observan muchísimo a los perros.

De tal forma que la primera clave es observar y la segunda clave es saber qué observar.

En esta primera parte del libro, dedicaré unas líneas a explicarte cómo puedes aprender a «saber observar» y el resto está orientado a que descubras «qué observar».

« No basta con observar,
hay que saber QUÉ observar ».
#secretosdelenguajecanino

Un buena noticia es que, de forma natural, solemos atender a muchas señales que emiten los perros de forma inconsciente, que nos ayudan a tener una orientación de lo que les pasa o quieren decirnos.

Los aspectos a tener en cuenta antes de iniciar la observación son esencialmente dos:

1. Existen muchas señales sutiles que no somos capaces de apreciar sin la formación necesaria.
2. Debido a mucha información imprecisa y anticuada que se mueve por internet, se suelen malinterpretar muchas señales que emiten los perros.

Así que lo primero que vamos a hacer es explicarte cómo mejorar tu capacidad de observación mediante unos sencillos consejos muy eficaces.

ASPECTOS BÁSICOS

Existen algunos aspectos a considerar antes de iniciar los ejercicios de observación como son:

- Debes aprender a fijarte en gestos o movimientos concretos para luego ser capaz de comprender la expresión corporal completa.
- Algunas de las señales que observes estarán condicionadas por conocimientos previos que tengas, que has leído en internet o que han dicho tus familiares o conocidos. Esta idea puede limitar tu interpretación. No descartes que la comunicación de tu perro transmita algo que no te esperabas.
- Una vez tengas las conclusiones sobre lo que significa una señal, deberás verificarlas. Por ejemplo, hay personas que creen que cuando un perro mueve la cola es porque está contento. Solo hace falta verificar esta idea para darse cuenta de que en situaciones en las que el perro está nervioso y puede atacar, también suele mover la cola.
- Por último, es importante disponer de flexibilidad suficiente para aceptar que una misma señal puede significar diferentes cosas según el contexto. Pese a que algunas señales suelen tener un significado muy genérico, ello no implica que puedan

cambiar su significado en un contexto o situación determinada.

EJERCICIOS BÁSICOS

En este punto, encontrarás unos sencillos ejercicios que te ayudarán a mejorar tu capacidad de observación. Mientras observas, apunta lo que «hacen» cada uno de los perros en cada situación e intenta interpretarlos para averiguar qué pueden estar diciendo.

OBSERVAR VÍDEOS DE INTERNET EN SILENCIO

En internet tienes una gran cantidad de vídeos donde aparecen perros comunicándose. Lo importante aquí es observar los videos sin sonido y apuntar todo lo que crees que ocurre, y el mensaje que crees que trasmiten.

Esta técnica puede mejorarse, realizando pausas en el vídeo para apuntar, volver hacia atrás y si es posible, ponerlo en cámara lenta.

Existen muchos vídeos que lo que explican sobre la comunicación es erróneo, anticuado o lleva a malas interpretaciones. Es por ello que, una vez hecho el ejercicio, si te aventuras a activar el sonido y escuchar lo que comentan, debes prepararte para aceptar que lo que escuches sea la interpretación del autor y no «la respuesta correcta». Hay veces que va bien observar vídeos de perros en los que nadie explique lo que ocurre o las explicaciones sean en un idioma que no conoces. Este aspecto no debe preocuparte ya que el objetivo de este ejercicio es mejorar tu capacidad de observación y potenciar tus habilidades.

Es importante apuntar en una hoja el nombre del vídeo y dónde lo has encontrado, así como el día y la hora. Más adelante es importante volver a ver este vídeo en varias ocasiones, y podrás darte cuenta de cómo tu habilidad para observar a los perros y tus interpretaciones han mejorado notablemente.

EN CASA

Observa a tu perro o perros en casa. Fíjate en cómo se comunican contigo y con los demás miembros de la familia. Sería interesante que grabaras estas situaciones y lo apuntaras en una hoja como se indica en el punto anterior.

Observa a tu perro o perros a diferentes horas del día y date cuenta de cómo hay ciertos cambios en su comportamiento según las horas y el tipo de actividad que está a punto de realizar.

Graba también variando el enfoque. Es decir, unos días puedes grabar directamente con la cámara en tu mano, registrando lo que ves desde tu punto de vista. Otras veces puedes dejar la cámara puesta en un rincón y grabar todo lo que ocurre, incluso a ti. Notarás que las reacciones son seguramente algo diferentes.

EN EL PARQUE

En el parque canino vas a encontrar multitud de situaciones donde podrás conseguir un excelente material. Observa y toma notas tanto de tu/s perro/s interactuando con otros perros, y también las interacciones de los demás perros. Si puedes, graba estas escenas mientras tomas notas y luego, en casa, detenidamente, revisas tus notas mientras reproduces el vídeo. Verás cómo ahora observas más señales que en directo.

Cuando más hagas estos ejercicios, verás que las notas que tomas en directo y las notas que captas al ver posteriormente la filmación son cada vez más similares, lo cual es un indicador de que has aumentado tu capacidad de observar y tomar notas.

ASPECTOS A OBSERVAR

Con los ejercicios anteriores, ahora podemos observar más detalladamente a los perros. Ahora te animo a contemplar momentos clave que te ayudarán en el proceso:

- **Contacto visual:** observa y ten presente cuándo tu perro te mira fijamente a la cara. Cuando quiere que le prestes atención sobre algo, lo que hará, es mirarte a la cara y seguramente mirar en la dirección de aquello que pretende indicarte que es de su interés.
- **Respiración:** un detalle que no solemos prestar mucha atención es la respiración de nuestros perros, aunque hay momentos que sabemos claramente que está más acelerado o nervioso. Observando a tu perro en su nivel normal de respiración, y siendo sensible a los cambios, rápido te percatarás de cuándo tu perro se enfrenta a una situación que lo acelera o le relaja.
- **Distancia:** la distancia que mantiene tu perro de ti o demás miembros de la familia, así como personas de la calle, es relevante. Cuando un perro está cómodo tenderá a posicionarse cerca. Observa cuál es el estilo de tu perro, ya que hay perros para los que «cerca» significa un metro o medio metro, y para otros «cerca» significa estar pegado y tocar. Cuando esta distancia sea mayor de lo normal, puede ser un indicador de que algo le pasa y es momento para prestar más atención.

- **Movimientos corporales:** los perros tienen unos movimientos y un ritmo característico que les representan. Cuando hay variaciones en estos ritmos es un claro indicador de que algo acontece a tu perro. Observa y procura identificar cómo es el movimiento de tu perro cuando está alegre y cómo cambia cuando está enfadado.
- **Postura:** la postura también es una posición clave a observar. Cuando un perro se posiciona dándote la espalda es un indicador de que algo puede estar pasando. Si se acerca con movimiento lento, y cuando llega a tu lado agacha la cabeza y te da la espalda, es muy probable que haya sucedido algo. Si, por el contrario, se acerca normal y se tumba a tu lado de forma relajada es un buen indicador.
- **Expresión facial:** aunque no existe gran información sobre la expresión facial en perros, los estudios científicos demuestran que las personas tenemos una enorme capacidad para detectar y entender las expresiones faciales de nuestros perros. Así que observa su cara y fíjate en los cambios de expresiones faciales. Fíjate en las cejas, la boca, los ojos, las orejas.

Tu lenguaje

Es importante también percatarse de cómo nos comunicamos nosotros. Está demostrado científicamente que los perros tienen una capacidad extraordinaria de interpretar nuestra comunicación, especialmente la no verbal, y, por lo tanto, nuestras intenciones.

De tal forma que su comunicación estará también relacionada con tu comunicación. Imagina que tienes un perro sensible y tú eres una persona enérgica e impulsiva. Esta combinación hará que tu perro se sienta incómodo en muchas situaciones contigo debido a esa impulsividad. Es importante aquí ser conscientes de cuál es nuestro estilo comunicativo y cómo este afecta a nuestros perros.

Algunos aspectos a considerar serían, por ejemplo, la intensidad. Es importante ser consciente de tus cambios de intensidad en tus interacciones con tu perro. Hay muchos momentos en que su respuesta dependerá de la tuya. Es decir, hará espejo de ti.

Es importante también ser consciente de nuestro estado de ánimo. Hay momentos de la semana en los que debido a factores ajenos a nuestros perros llegamos al hogar con enfado y mal humor. Es importante darse cuenta de este aspecto y tomarlo en consideración al interactuar con ellos, ya que nuestra actitud les afectará.

Como clave importante, procura que la comunicación verbal en general con tu perro sea desde una posición neutra, ni muy grave ni demasiado excitada. Utiliza tonos agudos y alegres para trasmitir todo lo bueno, y procura evitar enfadarte cuando haga algo mal. En caso de que haya hecho algo mal, procura utilizar tonos neutros para relajar la situación y procura investigar qué ha pasado y cuál es nuestra parte de culpa por no habérselo explicado de forma correcta.

Nuestra comunicación es clave para la salud familiar, es por ello que debemos tomar responsabilidad y actuar de forma que nos permita mejorar la calidad de nuestras relaciones.

Señales de Fluencia

«Regala un pescado a un hombre y le darás alimento para un día, enséñale a pescar y lo alimentarás para el resto de su vida»
Proverbio chino

El eje central del presente libro es exponer de forma sencilla el lenguaje común de los perros. Como he mencionado, el lenguaje es propio de cada perro y no existe ninguna señal que siempre indique un mismo mensaje comunicativo. Depende del individuo, su genética, su experiencia, de su estado actual y el contexto.

Existen ciertas señales que son fácilmente identificables, y que permitirán al lector entender y comunicarse de una forma más efectiva con su perro. Para ello vamos a establecer unas premisas antes de entrar en la estructura básica de las señales de fluencia.

APACHE, DE APRENDIZ A MAESTRO

Apache nació en un entorno lleno de alegría y siendo muy querido. Pelaje de color rojizo y comportamiento explorador, se desarrolló como un husky activo, rebelde y equilibrado.

Le encantaba investigar y aprender, y mostró grandes cualidades para el aprendizaje desde muy joven, siendo seleccionado como protagonista para una película que, aunque finalmente no se realizó, los seis meses de preparación le dieron una formación y experiencias en la vida que le ayudaron a desarrollar sus potenciales.

Ha participado durante varios años en programas de terapias asistidas, siendo contraportada en importantes periódicos e incluso apareciendo en las noticias de televisión.

Seguramente, su historia personal le ha ayudado a ser un perro altamente resolutivo, con lo cual el buscar soluciones y salirse con la suya era uno de los aspectos que le caracterizaba.

Se incorporó en nuestro programa único del mundo de Perros de Conducta (AB dogs) y, poco a poco, fue adquiriendo grandes habilidades y preparándose para su debut como perro de conducta completo. Tuvo la suerte de convivir con Spiro y aprender de él desde muy pequeño algo que seguramente tuvo gran influencia en su educación y aprendizaje.

En su proceso formativo hubo un momento clave en su desarrollo. Apache estaba observando cómo Spiro trabajaba con un perro con problemas de reactividad a otros perros y, de repente, ocurrió algo inesperado. Spiro, fundador y primer AB dog, mientras trabajaba con el perro con problemas, de repente, hizo una pausa, observó a su alrededor y se acercó a Apache. Al hacer esto, ambos perros se cruzaron la mirada, y Apache me miró y me hizo indicaciones con intención de participar en la sesión. Spiro se tumbó a su lado y nos hizo la señal que indicaba que él ya había terminado, y miró a Apache, como indicando que fuera él quien terminara la sesión. Apache, que hasta ese momento había estado como mero observador, continuó la sesión desde ese instante.

El trabajo de Apache fue excelente, casi como si el propio Spiro lo hubiera realizado, y marcó un antes y un después en su trayectoria. Es como si Spiro le hubiera dicho: «Es tu turno».

En su trabajo a lo largo de los años habría que destacar el realizado con Lestat, un dálmata sordo con un gravísimo problema de agresión. Este perro fue rescatado de una situación drástica, donde creció en un entorno sin estimulación ni contacto social desde cachorro. En su rescate y acogida mostró agresión seria hacia sus propietarios, los cuales poco a poco aprendieron a entenderle y gestionarle.

Pero el gran problema surgía en presencia de otros perros, donde se descontrolaba totalmente y agredía de forma violenta sin pensárselo. El trabajo fue lento y laborioso, ya que con el mero hecho de que otro perro le mirara entraba en cólera y descontrol. Poco a poco aprendió a tolerar la presencia de otros perros, aunque únicamente a perros cordiales y altamente sociables y amistosos.

El punto de inflexión en su recuperación fue gracias a Apache. En aquella sesión, Apache se acercó a Lestat y desarrolló un amplio despliegue comunicativo. Señales que en muchos casos eran imperceptibles para nosotros y que solo llegamos a ver tras revisar las filmaciones que se hicieron.

Llegó el momento cumbre donde Apache, ya todo un maestro canino, se quedó mirándolo fijamente de forma intensa y controlada. El silencio se hizo abrumador y la tensión se podía palpar en el aire. De repente se escuchó un único, intenso y controlado ladrido. Lestat quedó como perplejo ante esta situación y su mirada cambió de repente, como si hubiera entendido el mensaje de su maestro. En ese momento, Apache se giró en paralelo y Lestat le siguió como aprendiz. A partir de ese momento, el aprendiz repetía todo lo que el maestro hacía. Le observaba y le miraba con una expresión que cualquiera diría que era de verdadera admiración.

Ese fue un momento mágico, el momento en que Apache mostró el poder de las señales de fluencia. Supo combinar señales suaves con una breve cantidad de señales duras hasta emitir una señal dura totalmente controlada con un impacto de aprendizaje relevador. Consiguió llegar a un estado donde maestro y aprendiz eran uno solo.

Desde ese día, el aprendiz Lestat inició un proceso de mejora continua hasta que finalmente se convirtió en un perro feliz, que vive con más perros en una familia que lo adora.

Apache actualmente es uno de los perros de conducta más relevantes y destacados de nuestro país, y maestro de muchos jóvenes aprendices, que bien seguro ayudarán a muchos perros a comunicarse mejor y resolver serios problemas de conducta.

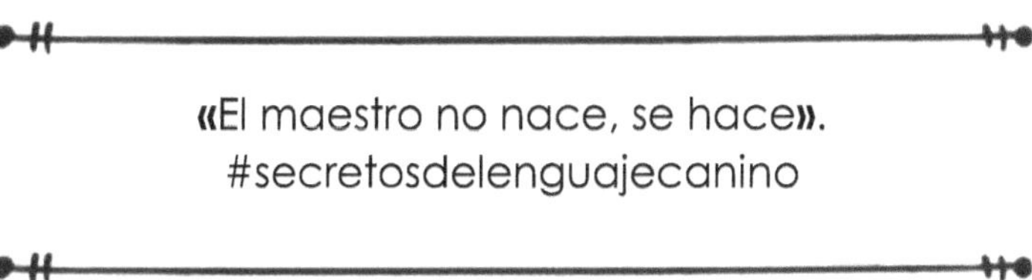

«El maestro no nace, se hace».
#secretosdelenguajecanino

PREMISAS EN LAS SEÑALES DE FLUENCIA

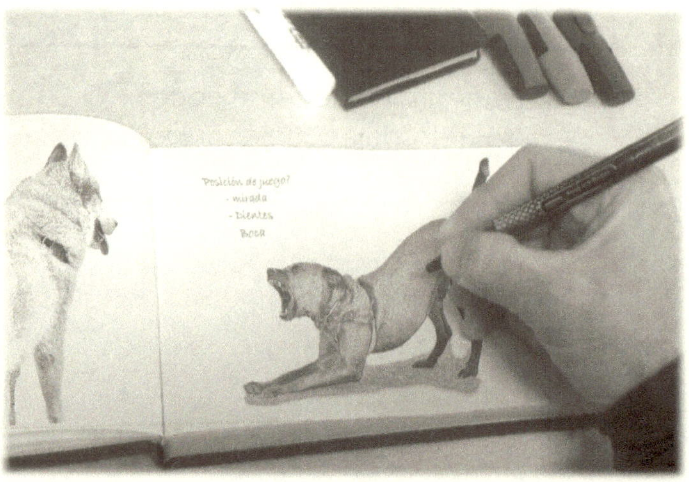

Los perros se comunican con el cuerpo entero, mediante lenguaje no verbal, verbal y químico.

El cuerpo del perro se divide en dos cualidades bien diferenciadas: las zonas duras y las zonas blandas (suaves).

«Suave» es la primera cualidad al nacer, momento en el cual el cachorro es débil, indefenso y requiere de cuidados y atención de los mayores. Los estados de suavidad se extienden a lo largo de la vida y un claro ejemplo son los momentos de ir a dormir, donde la relajación es necesaria para la recuperación física y mental. Otro momento donde sentimos la suavidad es cuando acercamos la cara a nuestros perros y ellos nos la lamen.

A medida que el cachorro crece, va desarrollando su fuerza y dureza. Esta cualidad es necesaria para la exploración del mundo, para adquirir comida o privilegios y para defenderse.

A medida que el cachorro va creciendo, aprende a controlar su cuerpo, su fuerza, su energía, así como gestionar sus momentos de relajación y suavidad.

El exceso en cualquiera de las áreas es un indicador de que hay un problema. Por ejemplo, un perro que duerme en exceso es un indicador de que algo pasa, posiblemente está enfermo o tiene algún tipo de malestar o dolor. O un perro que al encontrarse con otro está continuamente tumbado, siendo esta una postura poco habitual en este perro, es que algo no está bien. El ejemplo opuesto sería el perro que muestra agresión. Su falta de habilidades le hace mantenerse activo y con una conducta social negativa. Si nuestro perro gruñe por algo puntual, posiblemente eso le moleste, pero si lo hace continuamente, indica que algo malo ocurre. Lo mismo diríamos con el ladrido.

El perro sano muestra un equilibrio entre suave y duro, tanto en su cuerpo como en su comunicación.

De esta forma, existen dos grandes grupos en la comunicación: aquellos elementos que suavizan la interacción y aquellos que la endurecen.

IDENTIFICACIÓN DE SEÑALES FRECUENTES

«Como los científicos cognitivos han subrayado en años recientes, la cognición se encarna; pensamos también con el cuerpo, no solo con el cerebro».
Daniel Kahneman

Las personas tendemos a buscar señales sencillas de significado, es decir, señales que habitualmente indican un mensaje concreto. Esto nos ayuda a simplificar la comunicación y entender de forma sencilla la mayor parte de lenguaje emitido por nuestros perros.

Esta parte del libro está orientada a transmitir al lector las estructuras funcionales que más me han preguntado mis clientes y alumnos a lo largo de los años (posturas o señales) y qué suelen significar de forma genérica.

Debo destacar que estas señales no son realmente universales, sino que son tendencias conductuales y que en función del contexto puede variar su significado.

Durante años se han promovido en libros y formaciones donde especifican que ciertas señales indican que un perro es dominante o sumiso, o incluso que una señal identifica que un perro está calmado.

En realidad, esta idea basada en «diccionarios caninos» es funcional, pero acarrea muchos problemas si queremos conocer a nuestro perro en profundidad.

De la misma forma que entendemos que las razas caninas identifican un estándar y unas características que nos ayudan definir el tipo de perro que tenemos delante, pero sabemos que cada perro es un ser individual, podemos decir algo parecido en la comunicación. Cada perro es único y pese a ser de una misma raza o una misma camada, puede ser muy diferente a sus hermanos.

El gran Charles Darwin designó este enfoque como «pensamiento poblacional».

Lewontin (1974) lo describe como: «Son las diferencias existentes entre los organismos en el seno de una población las que, al magnificarse en el espacio y en el tiempo, constituirán la evolución biológica».

De forma resumida viene a decirnos que dentro de una población, aunque los individuos tienen muchos elementos comunes, también disponen de aspectos propios y particulares que los hacen únicos.

El lector debe entender que las siguientes señales que van a describirse no son fijas y genéricas para todos los contextos. No se trata de un «diccionario» donde la descripción sea válida para todos los perros en todas las situaciones, sino más bien se trata de una referencia a tener en cuenta para entender de forma más sencilla a los perros y su comunicación.

Veamos, pues, las señales más relevantes y su significado más habitual.

Hola afectivo

El perro se acerca, baja ligeramente la cabeza, suele echar las orejas para atrás y camina hacia delante moviendo el culo y la cola de forma lateral. Los perros más sensibles suelen hacerlo de una forma más exagerada, inclusive lamiendo al otro.

En el dibujo vemos a dos perros en una posición cercana afectiva.

Este acercamiento afectivo lo podemos observar en perros que tienen buena relación, donde uno se acerca al otro mediante esta señal.

Una vez juntos puede iniciarse un proceso de interacción, como puede ser el acicalamiento y cuidado.

ACHINAR LOS OJOS

Cuando vemos los ojos más pequeños de lo normal puede significar que el perro se siente asustado o estresado. También puede ser un indicador de su deseo de «hacerse pequeño» dentro de una relación social con otro perro, de tal forma que su apariencia resulte menos amenazante hacia el otro. Un perro para el cual somos una gran referencia, nos respeta o admira, puede utilizar esta señal como forma de acercarse a nosotros de forma cordial.

Hay que tener cuidado porque también puede ser un indicador de dolor físico.

«Achinar los ojos, un indicador de su deseo de "hacerse pequeño"»
#secretosdelenguajecanino

SÍGUEME

Una señal también muy común es la que utilizan para decirnos que les sigamos o que hagamos caso a lo que están haciendo.

La forma más común suele ser mirarnos fijamente a los ojos y cuando les miramos a sus ojos, lo cual muchas veces lo hacemos sin darnos cuenta, ellos miran en la dirección en la que está el objeto o elemento sobre el cual nos quieren llamar la atención.

Si quieren que les sigamos, posiblemente andarán unos pasos y volverán a mirarnos y a mirar en la dirección donde desean ir.

LAMER

Una señal fácil de observar en los perros es el lamer. Posiblemente aprendieron su importancia desde bien cachorros, cuando la madre les lamía para cuidarles y darle afecto.

El acariciar y el lamer por parte de la madre no es solo un factor de limpieza, sino que hoy en día sabemos que el hecho de que la madre les toque y acaricie en los primeros días de vida supone un incremento significativo de peso, actividad, capacidad de control del estrés y mayor resistencia.

De esta forma, los perros lamen a otros como forma de relación social para trasmitir afecto y deseo de aportar bienestar, cuidado a un miembro de la familia o del grupo.

Además, el lamer, como sabemos, puede extraer información muy útil del otro mediante los receptores sensoriales de la lengua, lo cual ayuda en el proceso comunicativo.

Otra función del lamer es que suaviza la interacción y puede ser un mensaje para que el otro le trate de forma más suave y delicada, o incluso de que se tranquilice. Por ejemplo, cuando nos acercamos de forma brusca a un perro y este se incomoda porque estamos siendo muy invasivos, este puede lamernos, como forma de decirnos que «por favor, más suave».

Otro ejemplo es cuando un perro nos ve nerviosos puede venir a nuestro lado y lamernos como una forma de consuelo y con intención de relajarnos.

«Lamer a otros puede ser tanto una forma de afecto como una forma de pedir que se relaje».
#secretosdelenguajecanino

LAMERSE O RELAMERSE

El lamerse a sí mismo es una señal que veremos también con facilidad. Esta señal suele realizarse de forma inconsciente y se cree que ayuda a la autorregulación. Un perro que se relame mucho ante una situación social o un conflicto es probable que esté intentando autorregularse emocionalmente.

Si percibimos que además de relamerse hay otras señales que indican que el perro está pasándolo mal, deberemos ayudarle a salir de esta situación.

Durante un experimento donde se comprobaba cómo afecta el estrés en los perros, evaluaron las señales corporales que emitían al ser sometidos a situaciones de estrés. Se observó que los perros sacaban la lengua, se lamían el hocico, además de elevar la pata delantera, etc.), concluyendo que estas señales podían tomarse como indicativos de estrés.

Así que si tu perro se relame y no hay comida por medio, sigue observándole porque puede ser un indicador de que lo está pasando mal.

«Relamerse puede ser un indicador de estrés en el perro».
#secretosdelenguajecanino

DAR LA ESPALDA

Cuando un perro nos quiere indicar que hagamos algo, un gesto o una acción más suave, una postura habitual es girar 360 grados, dándonos primero la espalda y luego volviendo a mirarnos.

Si seguimos en nuestra actitud, pueden girar 180 grados y quedarse mirando hacia nosotros de forma disimulada (no de forma directa).

Si no le hacemos caso, suelen irse, pero si les molestamos, pueden entrar en defensa/ataque.

Esta señal puede sumarse a una expresión corporal encogida como forma de hacerse pequeño o indicar que es débil. Incluso puede incorporar el poner las orejas hacia atrás y mirada de cachorro. La expresión de cachorro suele conseguir un efecto dulcificante, aunque puede también indicar que el perro está incómodo.

NO SIGAS POR AHÍ, FRÉNATE

Esta señal es una versión más «intensa» de la anterior de «dar la espalda».

Si algún perro se le acerca por detrás de forma intensa, o demasiado rápido, suelen girar la cabeza y mirar de forma intensa, consiguiendo que el otro ralentice su ritmo.

Esta señal consiste en mirar al otro perro o persona girando la cabeza. Ponen el «culo» hacia el otro perro o persona, y giran el cuello y la cabeza para mirar fija y directamente hacia el otro. Puede aumentar dureza con un leve gruñido. Es una forma muy común de decir: «¡Vale ya!» o «¡¿qué haces!?».

ME ESTÁS MOLESTANDO

Esta señal es muy habitual y malinterpretada comúnmente. Esta señal se realiza enseñando ligeramente los dientes o emitiendo un pequeño y breve gruñido. El elemento clave en este punto es la mirada o la expresión del resto de la cara, que no es «agresiva» sino que es neutra, seria o incluso de preocupación. Los cachorros y los niños pequeños en muchas ocasiones no respetan este mensaje, insistiendo en su molesta actitud, obligando al perro a realizar otra conducta de mayor intensidad.

Es un indicador de que algo le molesta, ante lo cual se queja. Es nuestro deber entender cuál es el foco del problema y solucionarlo de forma amable, sin necesidad de buscar un enfrentamiento con el perro.

Si sigues así, te haré daño

Esta señal suele ocurrir cuando la señal anterior no ha sido respetada y se sigue molestando al perro.

Si se trata de un perro dulce y alegre emitirá señales para suavizar la situación, como girar la cara, relamerse, irse, etc. Pero si el perro considera que debe mantener su postura y son los demás que deben dejar de molestarle, incrementará la señal de «me estás molestando» a esta otra que indica «si sigues así, te haré daño». En esta señal enseña más los dientes, la mirada es más directa y suele acompañarse de gruñidos.

No se trata de una falta de respeto al propietario, ni un ataque, es un aviso, pero muy serio. En caso de encontrarnos en esta situación sugiero no enfrentarse al perro. Debe empatizar con el perro, entender el motivo de esta conducta y solucionarlo de forma amable más adelante.

OJO DE BALLENA

Por lo general, si los ojos se ven de mayor tamaño de lo normal, suelen indicar que el perro se siente amenazado de alguna manera o puede que se haya asustado. La clave es mirar las pupilas. Si estas se muestran dilatadas, se asociará con miedo, mientras que si se aprecian contraídas, se relacionará con avance, concentración o incluso ataque.

Lo que conocemos como «ojo de ballena» es cuando el perro no mira directamente, sino que mira de reojo, de tal forma que se llega a ver la parte blanca de los ojos. Esta mirada puede ser la mirada que realiza el perro en una posición defensiva, indicando que está incomodo o incluso justo antes de atacar. Es una mirada habitual en situaciones de protección de recursos, como al proteger un hueso o juguete.

COLA, TERMÓMETRO EMOCIONAL

La cola es, probablemente después de la cabeza, la parte comunicativa más relevante en lo que se refiere a comunicación visual.

Casi cualquier movimiento o posición de la cola aporta información comunicativa, de su vida interior y de sus intenciones. La cola del perro funciona como un termómetro de sus emociones. Muestra información acerca de cuál es su estado de ánimo, sus ganas de jugar, su predisposición a interactuar con otro, así como si siente miedo o temor.

Una posición media/natural informa de que el perro está relajado y tranquilo. Si el perro tensa su rabo y lo estira en la posición horizontal, como si se tratara de una cuerda rígida, significa que algo ha despertado su atención: el perro está en alerta.

Cuando la cola del perro se eleva y se coloca casi en posición vertical, está relacionado con confianza en sí mismo, tensión e incluso cierta agresividad.

El perro relajado mostrará la cola sin casi movimiento y caída vertical (a excepción de razas con la cola enroscada como el Shiva inu).

Un perro excitado moverá la cola más rápido que un perro relajado, que la moverá más lenta.

El movimiento horizontal amplio y/o rápido suele indicar tensión, el cual se complementa con la posición vertical. Más alta indicará que está en alerta, y más baja o entre las piernas indicará precaución o miedo.

El movimiento en círculos está relacionado con alegría y ganas de jugar.

RODAR SOBRE SU ESPALDA

Otra de las posiciones que ayuda a gestionar las relaciones sociales intensas y que es muy utilizada por perros intensos es la de tumbarse panza arriba o rodar sobre su espalda mostrando la barriga. Tradicionalmente se suele asociar esta postura a sumisión, aunque es fácil comprobar que perros de mucho carácter pueden usarla mucho como forma de conseguir un acuerdo o de tranquilizar al otro, y no como muestra de tenerle miedo o someterse.

Los perros que presentan una mayor tendencia a adoptar esta posición suelen ser activos, intensos y con mucha energía, que han aprendido a equilibrarse de esta forma.

Es una forma de enviarle un mensaje al otro perro de que no le ataque o no le haga daño.

En muchas ocasiones, los humanos la interpretan como una poderosa disculpa, del estilo: «¡No me hagas daño, por favor!» o «¡no lo volveré a hacer nunca más en la vida!» o incluso «¡no quiero morir!». Esta interpretación no tiene mucho sentido en ciertos perros, especialmente adolescentes o cachorros, los cuales realizan conductas que molestan a los adultos y ante una acción de «ataque» o «riña» se tumban para evadir la riña y, acto seguido, vuelven a la carga.

Si tuviéramos que traducirla de alguna forma al lenguaje humano sería algo así como: «Venga, va, no te enfades conmigo» o en algunos casos «no me hagas daño, que mis intenciones no son malas».

Esta señal ayuda a los perros a emitir señales que equilibran o balancean la comunicación.

«Panza arriba puede interpretarse como: "No me hagas daño, que mis intenciones no son malas"».
#secretosdelenguajecanino

BOSTEZO

El bostezo se asocia tanto al cansancio o sueño, así como a situaciones a lo largo del día que activan o «despiertan» al perro.

El bostezo espontáneo actúa como sistema de autorregulación del organismo para equilibrarlo. Por lo tanto, el bostezo observado en una situación cotidiana es muy probable que esté relacionado con estrés de nuestro perro.

El bostezo es una señal compleja y se considera una señal muy antigua que está relacionada con la empatía. Esta señal parece que en perros solo se contagia cuando hay una relación intensa familiar, es decir, individuos cercanos.

Es por ello que debemos mostrar interés en los bostezos que realizan nuestros perros a lo largo del día. Pueden estar relacionados con estrés, preparando al perro para una situación excesivamente tensa.

«El bostezo informa de un cambio importante de activación».
#secretosdelenguajecanino

SACUDIRSE

Otra señal muy común en los perros y que es un indicador importante a observar. Normalmente los perros se sacuden después de haber vivido una situación tensa o incómoda para ellos.

Mientras experimentan la situación tensa, quizás emitan señales imperceptibles por el propietario, y una vez parado el «problema», se observa cómo el perro se sacude.

Si detectas que tu perro se sacude después de cruzar una calle o cruzarse con una persona o perro, puede estar indicándote que esas situaciones le incomodan. Esto puede ser muy útil para mejorar la calidad de vida de tu perro y, por supuesto, mejorar tu vínculo.

POSICIÓN DE JUEGO O REGULADOR DINÁMICO

Este movimiento, habitualmente clasificado como señal o posición de «juego», aporta al perro que la aplica
varias ventajas. La primera es desplazarse hacia debajo
de forma rápida del perro o individuo que tiene delante.
Aporta una información hacia el otro de «soy pequeño».
Por otro lado, mantiene el tren trasero en alto y flexiona-
do, con las patas un poco abiertas, aportándole suficiente estabilidad para iniciar una acción rápida. Puede salir
corriendo de forma rápida e instantánea si lo requiere.

Es una señal que motiva al otro perro a frenarse, a
suavizar el ritmo y, a su vez, le mantiene en una posición
que le permite dinamismo.

Ayuda a regular el juego y a diferencia de las señales
de «pausa», que claramente frenan el proceso cuando
está siendo demasiado intenso, esta señal mantiene el

dinamismo, reduciendo la intensidad y manteniendo un ritmo dinámico y fluido.

Un adulto puede realizar esta señal con un cachorro, ayudando en la dinámica de igualar energías. También en el caso de un perro muy enérgico sobre otro, emitirá esta señal con la misma finalidad.

Cuando un perro incordia a otro perro, y este reacciona girando sobre su cuerpo y enseñando los dientes, el que incordia puede realizar esta señal con el fin de suavizar la situación. Evitar el contacto, y a su vez «hacerse pequeño», es decir, menos amenazante para el otro, ayudará a mantener la relación estable.

«La "posición de juego" es un regulador dinámico de intensidad».
#secretosdelenguajecanino

Otra función para esta postura es la de actuar como sistema de autorregulación. Hay perros que, ante una situación en las que su estrategia es la de abalanzarse hacia otro perro, pueden realizar esta posición como medida de autorregulación, como forma de frenarse a sí mismo.

Esta posición ayudará al perro emisor a «suavizar» la situación. La puede utilizar para regular energías y seguir disfrutando de situaciones placenteras, o bien para regular la intensidad en una situación no placentera, donde procura gestionar la situación para evitar un conflicto.

FLUIR

Se produce el fluir cuando el conflicto, la negociación o la interacción con otro individuo no se percibe como un problema sino como algo natural, un proceso adaptativo que presenta un ritmo, una sintonía y un balance. Mediante el fluir se consigue que dos perros que se están comunicando presenten comportamientos coordinados y ordenados, casi como si de un baile se tratara.

Si fluyen en su comunicación se producirá un encuentro placentero para ambos y, en muchos casos, se observará un comportamiento general que se asocia habitualmente con jugar.

Fluyen en sus acciones placenteras de autoconocimiento de sus límites, sus habilidades y sus capacidades de desarrollarse de forma exitosa en el entorno en el que viven.

COMPORTAMIENTOS HABITUALES

Existen múltiples combinaciones expresivas en los perros. Aunque lo más eficiente es aprender las señales de fluencia y saber interpretar la comunicación desde una perspectiva más profunda, en nuestros inicios el disponer de un listado de significados comunes suele ser muy funcional.

De tal forma que, a continuación, expongo algunos comportamientos y su interpretación más común:

- **Traer juguetes u objetos:** cuando un perro te trae juguetes o algún objeto de casa está demandándote atención. Es una forma de indicarte que quiere interactuar contigo, ya sea mediante uno de sus juguetes o ya sea con algo que sabe que te llama la atención.
- **Dar la mano:** esta es otra forma de llamarnos la atención, esta vez buscando el contacto directo contigo. Hay perros que no saben dar la mano a no ser que se le enseñe, así que es posible que estos perros te toquen con el morro o te pongan la cabeza encima de tus piernas.
- **Alejarse cuando le acarician:** si un perro se aleja cuando le acarician es señal de que esa forma de acariciar no le gusta. Intenta ser más suave y comprensivo. Si, además, le das palmaditas en la cabeza, algo que no suele gustarle a casi ningún perro, puede ser otro de los motivos. La mayoría de los perros suelen preferir que los acaricien en la barbilla, en el pecho o al lado de cara.
- **Revolcarse en el suelo:** el revolcarse en el suelo en superficies blandas como el césped, la arena

o alguna alfombra, puede ser muy placentero para gran cantidad de perros. En ocasiones hacen este comportamiento como forma de desestresarse y relajarse a modo de masaje canino. En caso de que lo haga de forma atípica, puede ser un indicador de que el perro tiene algo que le molesta, bien enganchado en el pelo o bien puede ser que tenga algún tipo de pulga o garrapata. En otras ocasiones, pueden hacerlo para frotarse encima de algo que para ellos desprenda buen olor. Por ejemplo, cuando les duchamos muchos champús para perros huelen muy bien para las personas, pero huelen horrible para los perros, y lo que hacen en cuanto pueden es restregarse con algo oliente que les quite ese olor de champú.

- **Rascar la tierra después de hacer sus necesidades:** este comportamiento suele estar asociado a momentos de tensión. Al rascar el suelo, está dejando una señal a otros perros de su paso por allí. Cuanto más exagerado sea, más claro deja el mensaje. Es como dejar un grafiti para que lo puedan ver los que vienen a continuación.

- **Olfatea el trasero de otros perros:** una de las zonas donde se concentra más información olfativa es el trasero. De los olores de esta zona, un perro puede saber si el otro está sano, su edad aproximada, características de su carácter, etc.

- **Olfatear antes de orinar:** los perros suelen seleccionar el lugar donde orinar. Para ellos, los olores contienen información muy importante dentro de su vida social. Si orina encima de donde ha orinado otro perro, puede ser una forma de tapar el olor del otro. Esto puede tener diversas explicaciones según la relación entre los perros. Por ejemplo, si se trata de otro macho, puede interpretarse como una situación de rivalidad, y si lo hace sobre la orina de una hembra, puede querer indicar que esa hembra forma parte de su familia canina.
- **Comerse sus heces o las de otros:** el comportamiento de comerse sus propias heces se conoce como coprofagia. En perros jóvenes o adultos puede ser un indicador de problemas veterinarios (como problemas en el aparato digestivo, o falta de absorción de algún tipo de nutriente, etc.). También puede ser una muestra de estrés, por ejemplo, al quedarse solo. Desde luego, es un comportamiento desagradable que además indica que nuestro perro necesita ayuda.

- **Comer hierba:** si tu perro come hierba, puede ser porque la está utilizarlo como purgante, ya que ayuda a provocarles el vómito. En algunos casos, puede existir algún tipo de planta que les guste el sabor u olor, lo cual haría que la masticaran. Si tu perro come hierba y vomita de forma continuada es importante acudir a un veterinario.
- **Jadear:** tu perro jadea como sistema de refrigeración. Le ayuda a regular su temperatura corporal y también podría hacerlo cuando tiene mucho estrés negativo o ansiedad.
- **Erizarse:** al igual que si fuera un puercoespín, los perros pueden erizar los pelos de su espalda. Este fenómeno se conoce como piloerección, y es una respuesta refleja que los perros no controlan y se produce cuando sienten miedo o entran en modo de lucha. Es un indicador de liberación de adrenalina, y lo que ocurre es que los músculos se contraen y los pelos se erizan.
- **Dar vueltas antes de ir a dormir:** es habitual que muchos perros den varias vueltas antes de irse a dormir. Se considera que este comportamiento lo han heredado de sus antepasados. Se cree que lo utilizaban para aplanar el pasto y hacer más recogida y cómoda la zona de dormir.
- **Mullir mantas o peluches:** hay perros que mullen mantas, peluches o almohadas e incluso las lamen y babean cuando lo hacen. Suele relacionarse con perros que fueron separados de la madre demasiado pronto. Si lo hacen de forma esporádica, lo podemos entender como una forma de relajarse. Si lo hace habitualmente, suele ser un síntoma de ansiedad y estrés negativo.

- **Arrastrar el culo por el suelo:** puede deberse a varios motivos. El más común es que tenga lombrices intestinales o dificultades para vaciar sus glándulas anales. Si lo hace muy seguido, sería importante hacerle una revisión veterinaria.
- **Correr mientras duerme:** aunque algunos no lo crean, los perros también sueñan. El dormir y los sueños son momentos importantes para la fijación del aprendizaje vivido a lo largo del día.
- **Olfatear a las personas en la zona de la ingle:** se trata de un comportamiento canino que disgusta a muchos propietarios. Los perros viven en un mundo olfativo y, en ciertos momentos, sienten curiosidad por las feromonas que huelen en esta zona en concreto.
- **Sacudir los juguetes de lado a lado:** este comportamiento con los juguetes o peluches lo hacen como comportamiento relacionado con la caza. En el ramo profesional solemos llamar a este movimiento «la sacudida de la muerte», ya que es lo que hacen cuando cazan una presa pequeña para matarla. En nuestros perros hemos eliminado muchos comportamientos que ahora no nos resultan útiles, pero heredan estos comportamientos que los incorporan dentro de sus juegos.
- **Comer piedras:** este comportamiento es un indicador de que algo no va bien. Desde los cuidados veterinarios, el comer piedras es peligroso porque pueden perforar el intestino, lo cual sería algo muy grave. Si come piedras y se las traga puede ser un indicador de un trastorno digestivo o intestinal. Si lo que hace es morder las piedras y llevar piedras grandes en la boca para morderlas, puede ser que tenga algún problema bucal, o puede ser

un indicador de mucho estrés o ansiedad. Es importante en estos casos acudir a un especialista de conducta canina.

- **Perseguirse la cola:** este comportamiento suele hacer gracia a muchas personas y algunos creen que el perro está jugando. En realidad es un indicador de que mi perro está muy excitadoSi lo hace de vez en cuando es importante observar cuándo, ya que nos indica que nuestro perro está mostrando una sobreexcitación y tras esta situación, puede disminuir su capacidad comunicativa. Si lo hace continuamente, y casi cada día, puede ser indicador de un problema tanto físico como psicológico. Es importante acudir a un especialista de conducta canina.

EL APRENDIZ DE SPIRO, UNA HISTORIA PARA RECORDAR

Apareció en el horizonte un joven caminando de forma tranquila y pacífica. Como ermitaño que viaja por el mundo hasta encontrar su esencia, su maestro y su inspiración, que ya formaban parte de su ser.

Era un día intenso, muy iluminado, y el gran perro con aspecto feroz mostraba claros signos de querer atacarnos. Una situación marcada por la tensión, el miedo, angustia y malestar, por el peligro inminente que avanzaba hacia nosotros.

El joven se paró a lo lejos, observó mientras el sol le quemaba en la cara y el viento azotaba su cuerpo entero. Aun así, avanzó de forma relajada, con movimientos fluidos, armónicos, que a su vez transmitían una poderosa presencia y serenidad.

La bestia, al verlo aparecer, se detuvo también y mantuvieron una distancia de varios metros entre ellos. El peligroso animal le miraba fijamente y le gruñía, ladraba al aire y mostraba un comportamiento fiero y amenazante. Lanzaba dentelladas al aire, como si pretendiera morderle desde la distancia.

Así pasaron varios minutos, que para nosotros parecían horas, y el joven paseante se mantenía sereno, paciente y atento, manteniendo su distancia.

Poco a poco, empezó a moverse de forma sutil con gestos apenas perceptibles, acompañado por una voz suave y tranquila, la cual apenas podíamos escuchar.

Daba la sensación de que hablaba con el feroz animal, como si tratara de dialogar con una persona y como si el peligroso ser que tenía delante de él pudiera comprender algo de lo que le decía.

De repente, el feroz animal dejó de gruñir y amenazarle e inclinó la cabeza como si realmente le prestara atención. En ese justo momento, el joven paseante le dijo algo que no pudimos escuchar y tranquilamente se alejó en dirección a nosotros.

Estábamos perplejos por lo que acabábamos de ver, sentir, experimentar. ¿Cómo era posible explicar lo que había ocurrido?

Este joven se acercó hasta nosotros.

—¿Cómo lo has hecho? —le preguntamos casi a gritos.

—¿Qué le has dicho a ese fiero animal que ha estado a punto de atacarnos?

—¡Deberían encerrarlo de por vida y no dejarle salir nunca más! Es un peligro para la sociedad —le replicamos duramente.

De forma amable, nos pidió que nos relajáramos y le explicáramos qué había ocurrido.

Le dijimos que estábamos paseando alegremente y que de repente el perro apareció de la nada, con la intención de atacarnos. Ante lo cual le gritamos y le tiramos piedras mientras alzábamos el bastón que utilizamos para pasear para defendernos.

—Entiendo —respondió el joven.

—¿Tenéis algo de comer? —nos preguntó de forma sorpresiva.

Ante su extraña petición, accedimos y le ofrecimos un poco de queso que teníamos preparado para la merienda.

Mientras nos daba las gracias, se alejó dirección al perro y se detuvo a poca distancia de él. Le susurró algo y se acercó hasta llegar a su lado. Se agachó delante de él y le ofreció el queso que le habíamos entregado, mientras le seguía susurrando.

—¿Pero qué haces dándole nuestra comida? —replicamos nosotros casi a gritos.

—¿Nos quiere atacar y le premias su mal comportamiento? —le volvimos a replicar, movidos por nuestra frustración.

El fiero animal, el cual ahora parecía un joven cachorro, fue amansado en pocos minutos por ese virtuoso joven como por arte de magia.

El joven se levantó e hizo un gesto como despidiéndose del perro y se acercó nuevamente a nosotros con una expresión relajada y amistosa.

El joven, en tono suave, explicó que había podido presenciar la escena desde lo lejos y dijo:

—Atacamos aquello que desconocemos proyectando nuestros miedos. El pobre perro se vio sorprendido. Posiblemente, desde su perspectiva, los atacantes fuisteis vosotros. La comprensión y respeto son virtudes esenciales a la hora de tratar a perros que muestran conductas que nos desagradan.

Y concluyó diciendo:

—He creído necesario que la despedida sea ofrecerle algo agradable, ya sea como disculpa o como una forma de compensar el malentendido.

Dicho esto, el joven se alejó y desapareció en el horizonte.

Intrigados por esta experiencia y con intención de darle las gracias, buscamos su paradero sin fortuna. Pasados unos años, ya habiendo casi olvidado este suceso, dimos con él por casualidad a través de las redes sociales. En ese momento, un impulso nos recorrió todo el cuerpo, ya que esa experiencia marcó un antes y un después en nuestras vidas. Le escribimos de inmediato una carta para darle las gracias y recordarle esta anécdota. Nos explicó que experiencias como la nuestra le ayudaron a desarrollar un nuevo sistema de comunicación con los perros basado en la observación, respeto y comprensión.

En la actualidad convivimos con cuatro perros que rescatamos con serios problemas de conducta y que actualmente viven en armonía como parte de nuestra familia.

ESTRUCTURA DE LAS SEÑALES DE FLUENCIA

« Todos tenemos luz y oscuridad en nuestro interior.
Lo que importa es qué parte elegimos potenciar ».
Sirius Black

En el estudio de la comunicación canina que llevo realizando desde hace más de quince años, y que expongo en mi libro *Descodificando el lenguaje canino: hablando se entienden los perros*, explico una forma de entender las señales de fluencia desde una perspectiva técnica, orientada a profesionales.

En este libro que estás leyendo, he adaptado la misma idea, simplificando conceptos y destacando aquellos más relevantes que permitan al lector entender el lenguaje canino de una forma más sencilla y amena.

Es por ello que los aspectos clave, como he mencionado previamente, son la suavidad y la dureza, definiéndose seis posiciones esenciales, en función de lo que resulta más relevante:

A) Suave y agradable: predominan las señales suaves y es una situación placentera.

B) Duro y agradable: predominan las señales duras y es una situación placentera,

C) Suave y desagradable: predominan las señales suaves pero es una situación desagradable.

D) Duro y desagradable: predominan las señales duras y es una situación desagradable.

E) Equilibrio: observamos equilibrio en las señales. Fluctúan entre agradable y desagradable.

F) Fluir: es un estado en el cual el perro se siente con recursos, equilibra su energía y es altamente agradable y placentero.

En las señales de fluencia lo que se tiene en cuenta es, por un lado, las habilidades o recursos del perro, y por el otro la dificultad del entorno.

Cuantas más habilidades y recursos tiene, más capacidad tiene de afrontar situaciones complejas y emitir una comunicación sana y adecuada. Cuantas menos capacidades tiene, más tenderá a emitir señales defensivas y a vivir la situación con malestar y fuerte estrés negativo.

A continuación, expongo un esquema resumen. Se trata de una versión simplificada del esquema de señales de Fluencia. La zona oscura es indicador de malestar. La zona gris claro, del fluir, es la zona de equilibrio, placer y aprendizaje. Por último, la zona blanca es donde el perro realiza señales desde un estado gratificante, asociadas con bienestar.

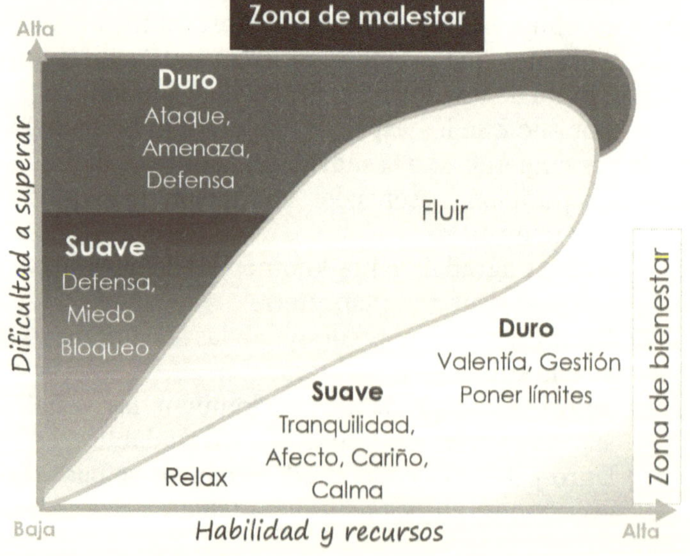

«En espejo de la comunicación, el reflejo entre la luz y la sobra».
#secretosdelenguajecanino

A continuación, explicaré con más detalle cada uno de los conceptos a contemplar.

Suave

En el primer grupo se incluyen aquellas señales o comportamientos que ayudan a suavizar la situación o interacción. Entre esas señales encontramos:

- Alejarse.
- Hacerse pequeño.
- Sonidos agudos.
- Sonidos de bajo volumen.
- Gemidos.
- Mostrar partes blandas (barriga, lengua).
- Moverse lento.
- Mostrar aspecto alegre y tranquilo.
- Etc.

DURO

En el segundo grupo se incluyen aquellas señales o comportamientos que endurecen la situación o interacción. Entre ellas encontramos:

-   Acercarse rápidamente.
-   Hincharse o hacerse grande.
-   Sonidos graves.
-   Alto volumen.
-   Mostrar partes duras (uñas, dientes).
-   Moverse rápido.
-   Si pudiéramos captar componentes químicos, incluiríamos la testosterona entre otros.
-   Etc.

AGRADABLE O NEUTRO

Algo que no solemos plantearnos es si una señal puede ser principalmente agradable (placentera o neutra) o desagradable (displicente), dependiendo del contexto y la forma de realizarla.

Hay señales que aportan suavidad y son placenteras o neutras, es decir, son agradables y aportan bienestar porque generan una emoción que relacionamos con placer. También se consideran aquellas que simplemente son consideradas como buenas porque alejan del malestar, que designaríamos como neutras. Entre ellas encontramos:
- Tumbarse de forma relajada,
- Tumbarse plaza arriba de placer,
- Caminar tranquilamente,
- Etc.

También existen señales duras que son agradables y aportan placer. Son las que utiliza el perro en situaciones en las que requiere gestionar o controlar una situación con cierta intensidad, o simplemente es una forma de explorar y desarrollar sus capacidades. Algunos ejemplos serían:
- Correr de forma intensa.
- Saltar.
- Jugar a cazar.
- Morder y roer un hueso.
- Hacer un agujero.

DESAGRADABLE

Existen también señales que son indicadores de malestar, independientemente de si son suaves o duras.

Ejemplos de señales que aportan suavidad y son desagradables podrían ser:

- Un perro tumbado con expresión de dolor.
- Un perro panza arriba que se relame sin parar.
- Caminar extremadamente lento, como de puntillas, sin mirar.
- Quedarse congelado y no atreverse a mover ni un músculo.

Y señales duras que son desagradables suelen ser más fácil de ver:
- Enseñar los dientes para defenderse.
- Ladrar y lanzar mordiscos al aire ante una amenaza.
- Atacar por miedo.

CUADRO SIMPLIFICADO

Para simplificarlo, unimos las señales placenteras y neutras en un mismo grupo, alejadas del malestar, que llamaremos agradables, y en otro grupo, las desagradables.

De forma muy sencilla podemos repartir las señales en el siguiente cuadro:

Suave y agradable	Duro y agradable
Suave y desagradable	Duro y desagradable

FLUIR

Las situaciones anteriores pueden alternarse, ya que la comunicación y las relaciones sociales fluctúan y cambian constantemente, de tal forma que una situación puede desestabilizarse de golpe por una falta de armonía.

Por el contrario, existe un momento donde los perros tienen grandes recursos y están afrontando la situación de forma óptima, es ahí cuando se produce el fluir. Se trata de una combinación armoniosa y placentera entre suave y duro. No solo es una comunicación equilibrada, sino que es muy placentero, fuente de aprendizaje y crecimiento.

En el fluir se desarrollan sus capacidades y habilidades dentro de unos límites que le permiten la correcta gestión emocional. En el fluir, exceso de duro, se transforma en suave y viceversa.

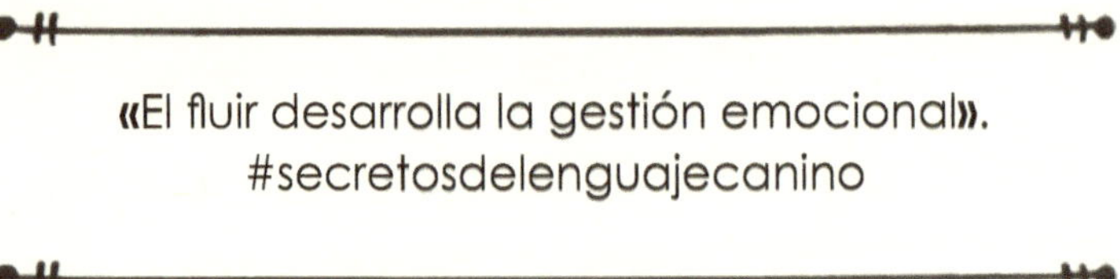

LISTADO DE SEÑALES SUAVES

A continuación, añado una lista de señales que puedes observar en tu perro, donde predomina la característica «suave». Como hemos dicho, estas pueden ser placenteras como las que transmiten tranquilidad, reposo, cariño, dulzura. Otras pueden ser neutras, por ejemplo, las que indican que hay otras cosas que les resultan más interesantes, poniendo su atención en otro sitio. Y también pueden enviar un mensaje de displacer, indicando debilidad, indicación de que se alejen, dejen tranquilos o no les hagan daño.

o Sentarse	o Irse
o Desviar la mirada	o Interponerse
o Levantar la pata delantera	o Uso de obstáculos
o Poner «cara de cachorro»	o Caminar hacia atrás
o Lamer la boca del otro	o Caminar en forma de «S»
o Achinar los ojos	o Caminar en círculo
o Lloriqueo	o Caminar y acercarse en espiral
o Panza arriba	
o Posición de juego*	o Caminar lentamente
o Agachar la cabeza	o Ponerse de lado
o Tumbarse de lado	o Lamerse
o Levantar la parte delantera (en plan cachorro)	o Tumbarse
	o Suspirar
o Orejas atrás y morro bajo	o Cerrar los ojos
o Lamerse los belfos	o Movimientos laterales
o Olisquear	o Estornudar
o Rascar el suelo (hacer agujero)	o Achicar los ojos
	o Gemir
o Coger algo	o Cerrar los ojos
	o Cola entre las piernas

LISTADO DE SEÑALES DURAS

A continuación, añado una lista de señales que puedes observar en tu perro, donde predomina la característica «dura».

o Mirar fijamente

o Caminar rápido

o Caminar directo al otro

o Saltar

o Erizarse

o Sacar pecho

o Empujar con las patas delanteras

o Boca cerrada tensa

o Tensión corporal evidente

o Posición inmóvil/bloqueo

o Cola quieta y en alto

o Gruñir

o Enseñar los dientes (a diferentes niveles)

o Dar mordiscos en el aire

o Ladrar (diferentes ladridos según el caso)

o Ladrido tímido (grave y de poca intensidad)

o Ladrido temeroso (tonos agudos)

o Ladrido lateral (ladrido grave, seco y contundente)

o Ladrido hacia arriba (intenso abriendo mucho la boca)

o Ladrido directo e intenso (iniciando el ataque)

o Saltar hacia delante o verticales

FÓRMULA DE LA MAGIA

«Aprender es descubrir lo que ya sabes, hacer es demostrar lo que sabes. Enseñar es recordar a otros que saben tanto como tú. Todos somos aprendices, hacedores, maestros».
Richard Bach

La comunicación entre seres vivos es simplemente mágica. Desde la antigüedad, el humano ha estudiado la comunicación, tanto en nuestra especie como en los demás animales.

El poder predecir las acciones de otros individuos, el saber cómo establecer relaciones efectivas y todo lo que implique interacción social ha sido clave en nuestro desarrollo.

Aun así, la investigación sobre cómo nos comunicamos sigue en auge y muestra grandes incógnitas. Algo que hacemos y hacen los perros con tanta naturalidad, y que para la ciencia sigue mostrando misterios propios de la magia.

Al encontrarse un individuo con otro, se produce comunicación instantánea. La mera detección de la presencia de otro individuo activa el sistema de recepción/comunicación y se produce un feedback inmediato.

Aun conociendo nuestras limitaciones, mi fascinación por el estudio de la comunicación me ha llevado a explorar y buscar una métrica que permitiera indicarnos adónde mirar y qué aspectos más relevantes deben tenerse en cuenta.

Como hemos visto, la señal de fluencia se produce como una interacción entre las habilidades y capacidades de un individuo y la dificultad del entorno. El entorno, en este caso, puede ser tanto otro perro, una persona o una situación que debe afrontar.

La cuestión aquí es saber entender y detectar la señal de fluencia producida por el perro, y en caso de que diferentes partes del cuerpo emitan información contradictoria, el aprendiz pueda concluir de forma sencilla cuál es el mensaje que emite el perro.

Por ejemplo, si el perro mira fijamente (señal dura), pero tiene el cuerpo curvado (señal suave), en función de la posición de la cabeza (arriba == dura, abajo == suave) y de la cola (en alto y tensa== dura, baja y recogida == suave) podremos determinar el mensaje emitido con más detalle.

Para poder abordar esta parte y concluir en la fórmula resultante, primero introduciré algunos elementos a tener en consideración.

RESPUESTA AUDITIVA

En mi investigación he detectado que hay razas de perros e individuos que tienden a emitir más sonidos que otros. A grandes rasgos, los perros primitivos suelen ser más callados y emitir sonidos solo en situaciones extremas, de peligro o riego, mientras que otro tipo de perros más modernos emiten sonidos continuamente.

Aquellos individuos que emiten menos sonidos suelen compensar esa falta de comunicación auditiva aumentando expresiones faciales o con el resto del cuerpo.

Otro aspecto a considerar es que la selección por modas ha hecho que en la actualidad existan ciertos tipos de perros o razas con problemas estructurales. Físicamente muestran serios problemas que se convierten habitualmente en problemas veterinarios y que en su vida social influyen negativamente en su comunicación.

Para simplificar los datos y buscar una fórmula sencilla, tomamos como modelo canino aquellos perros que muestran una estructura física aerodinámica, bien proporcionada y más primitiva.

Para los aspectos auditivos, seguiremos las siguientes premisas:
- Emite más sonidos = aumenta el valor expresión corporal.

Más sonidos agudos = suaviza.

Más sonidos graves = endurece.
- Emite pocos sonidos = suaviza pero debe compensar con mayor expresión corporal (cabeza, cuerpo y cola).

DISTANCIAS DE INTERACCIÓN

Otro aspecto a considerar es la distancia y el tipo de interacción que realizan. No se produce la misma comunicación cuando un perro está lejos que cuando está cerca.

Para simplificar mis conclusiones, voy a considerar tres distancias bien diferenciadas:
- Ante una situación de peligro, amenaza y alto estrés se produce una comunicación esencialmente corporal, y una recepción esencialmente visual y seguidamente auditiva. Se observa el cuerpo del adversario, sus movimientos y cambios de ritmo, y se escucha lo que emite.

- Ante una situación de peligro, pero con opción de escape, la recepción es principalmente visual, seguida de la auditiva y por último olfativa. La emisión se realiza mediante posiciones corporales, sonidos y olores.
- Y por último, si la distancia es cercana es cuando ya puede producirse el contacto, y es la distancia habitual de interacción con perros conocidos. Esta distancia cercana es la que consideramos como «distancia social».

En las dos primeras posiciones se busca mantener la distancia y alejarse del peligro, mientras que la tercera distancia es una distancia de relación social, que vamos a considerar que se establece en un entorno social sin peligro, donde pueden aparecer interacciones de juego, pequeños conflictos, etc.

Dentro de la «distancia social» se puede producir una comunicación química, que está asociada a los olores corporales. Estos olores provienen tanto de la cabeza, en especial de la boca y las orejas, como del cuerpo, especialmente de los órganos genitales.

En el caso del cuerpo, daremos una importancia específica a la cola, la cual puede adoptar varias posiciones. Unas de estas posiciones de la cola es cuando se tapan los genitales, suavizando el olor. Por el contrario, las posiciones más elevadas permiten que el olor se expanda más y, además, cambia la silueta del perro.

Ya que en el tema de olores los humanos somos muy pobres sensorialmente, nos fijaremos más en la comunicación corporal.

EXPRESIÓN CORPORAL

La expresión corporal en los animales y personas es compleja. Es algo que en la actualidad se sigue estudiando. Pese a esta complejidad, existen ciertos aspectos que podemos considerar como los más relevantes, así podemos simplificarlo para quedarnos con lo más destacable.

De esta forma, la cabeza, el cuerpo y la cola comprenden las tres partes más destacables del perro y su comunicación.

LA COLA

La cola puede mostrarse en múltiples posiciones, aunque lo más destacable es:

- Alta y hacia adelante: posición asociada con imposición.
- Alta o media y estirada: posición típicamente asociada a atención.
- Media o neutra: posición de relajación.
- Recogida hacia adentro: posición relacionada con incomodidad, suavidad o miedo.

El movimiento de la cola, como ya he comentado previamente, también es un factor a contemplar, teniendo en cuenta que puede estar:
- Rígida y quieta: indicaría que se trata de una situación de alta tensión.
- Moviéndose de forma intensa: aportaría tensión a la situación.
- Moviéndose de forma oscilante a ritmo carenciado: aportaría un valor de suavidad y armonía.

- Estática y relajada: aportaría un valor de tranquilidad.

Por último, la posición de la cola a la derecha o a la izquierda. Investigadores científicas informan de que existe una relación entre el movimiento de la cola con tendencia hacia la derecha con emociones positivas y por el contrario, el movimiento hacia la izquierda parece indicar emociones negativas.

Gira la Cola a
SU DERECHA

Gira la Cola a
SU IZQUIERDA

Emociones positivas o se encuentra con una situación conocida.	Emociones negativas o se encuentra en una situación novedosa que requiere atención.

Ciertos estudios sobre lateralidad cerebral indican que esta preferencia de lado puede que no se corresponda a emociones positivas o negativas, sino más bien a que cuando se inclina a la derecha es cuando encuentra a un conocido o una situación que conoce, y a la izquierda, a una situación novedosa, emocional y, por lo tanto, que requiere atención especial.

LA CABEZA

En cuanto a la cabeza, ya encontramos una mayor dificultad a la hora de simplificar las expresiones. Los perros, al igual que las personas, poseen múltiples músculos faciales que les permiten emitir cientos y cientos de variaciones. Estas combinaciones dan como resultado una expresión final que tanto nosotros como los demás perros percibimos como más dura o más suave, según la situación. En la cabeza nos fijaremos mucho en la posición de las orejas, la mirada, la boca y el morro (arrugado o boca relajada), la lengua y los dientes.

EL CUERPO

En cuanto al cuerpo, como podemos imaginar, existen muchas variaciones, aunque lo más relevante a observar es si el cuerpo está elevado, erizado, o está tumbado o panza arriba.

TIPOS DE PERROS

Un aspecto que tendremos en cuenta, aunque no lo matizaremos en el resto del libro, es la tipología de perros.

La especie canina dispone de una gran variabilidad de perros, donde las diferencias de tamaño, selección y tendencias conductuales, así como rasgos físicos, tendrán influencia en su estilo comunicativo.

Existen perros que, por selección, tienden a extremos. Interactúan en situaciones tensas con gran dureza, y en situaciones amigables, con señales que típicamente clasificaríamos como señales de sumisión.

Perros de orejas caídas y mucho pelo en su rostro, al estar limitados a la hora de comunicarse con el cuerpo o expresión facial, pueden mostrar una tendencia a compensar con sonidos, especialmente en momentos que necesiten expresar dureza o miedo, siendo perros más ruidosos cuando sienten alegría, malestar o miedo y amenaza.

Expresión integral

Es importante, a la hora de entender al perro que observamos, mirar y tener en cuenta no solo señales específicas, sino el conjunto. Es importante saber detectar cuándo un perro gira la cara, se relame, enseña los dientes, etc., y también tener en cuenta el resto de señales y expresiones del resto del cuerpo, así como el contexto donde las emite.

Un perro que se queda quieto estará tranquilo si su expresión facial y corporal se ven relajadas. Si detectamos tensión en su cuerpo y en su expresión facial que nos recuerda a malestar, es muy probable que esté mal, enfermo o con dolor.

FÓRMULA CORPORAL

Tras evaluar muchos perros y sus expresiones, y tras el estudio y observación de más de diez años, llegué a una sencilla fórmula que me ha ayudado en muchos clientes a mejorar su capacidad de entender la comunicación de sus perros.

Es probable que en ciertas situaciones sociales no se cumpla de forma estricta, pero considero que es importante tener esta fórmula como referencia.

El foco central de la formula se centra en la distancia social, ya que la fórmula puede variar si el perro observado está a gran distancia. Dentro de ella podemos dividir la información comunicativa en tres partes: la cabeza, el cuerpo y la cola. En la cabeza estarán también las vocalizaciones, de tal forma que un perro que vocalice mucho aumentará su puntuación en la cabeza.

LA FÓRMULA CORPORAL SIMPLIFICADA

40/45/15

- **Cabeza:** un 40 % del valor de la comunicación está en la cabeza: hacia dónde mira, si la posición de la cabeza es alta o baja, si la cabeza está girada, o si mira en una dirección concreta, y los sonidos que emite.

- **Cuerpo:** el 45% corresponde al cuerpo. El cuerpo es la parte más voluminosa del perro y muestra la orientación y energía de acción. El cuerpo elevado y erizado emite un mensaje muy poderoso, en comparativa con el cuerpo tumbado panza arriba. La parte de olores emitidos es la que nos será difícil cuantificar.

- **Cola:** el 15% restante corresponde a la cola, la cual tiene la facultad de alterar la comunicación y complementar la potencia del cuerpo, o bien suavizar el mensaje del cuerpo.

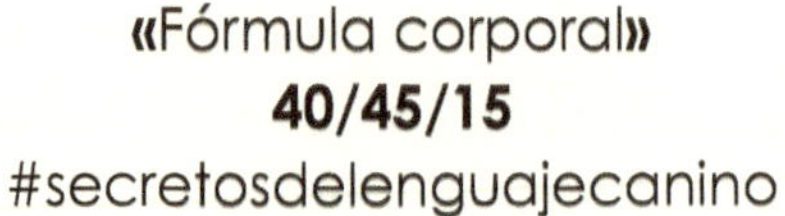

«Fórmula corporal»
40/45/15
#secretosdelenguajecanino

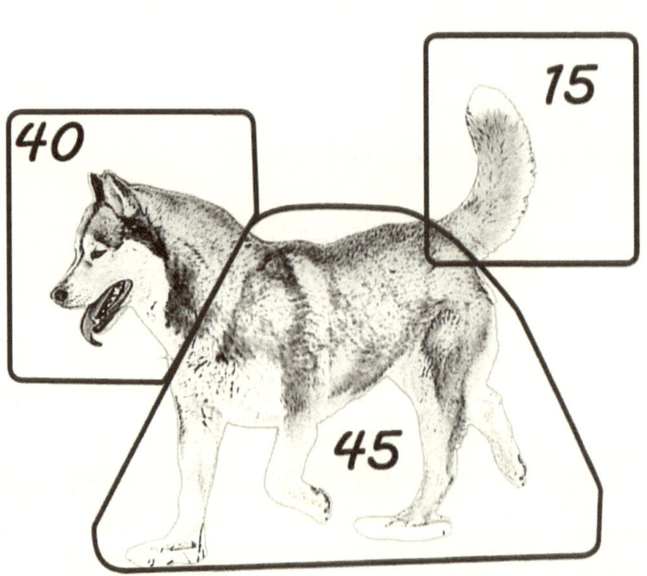

EXPRESIÓN RELACIONAL

La expresión relacional corresponde a la interacción entre los dos seres que interactúan.

Existen varios enfoques psicológicos que indican que la relevancia en el aprendizaje y desarrollo de los seres no es tanto en sus características individuales, sino en las características y calidad de sus relaciones.

La relación entre individuos es lo que conduce al éxito o al conflicto, a la colaboración o a la lucha.

Es por ello relevante conocer a nuestro perro, no solo como es de forma individual, sino que realmente lo conoceremos en sus interacciones con otros seres, ya sean perros o personas, o cualquier otro animal.

Este concepto o esta idea es aplicable a nosotros, y de esta forma concluimos que nosotros influimos en nuestros perros y ellos influyen en nosotros, a través de nuestra relación y vínculo.

«El desarrollo de nuestro perro depende de la calidad de sus relaciones».
#secretosdelenguajecanino

Los perros, al encontrarse, perciben la interacción como una oportunidad o como un peligro (dificultad del entorno) que choca con sus capacidades y habilidades. Lo mismo ocurre con el perro o persona que tiene delante.

Según su experiencia y conocimiento previo, emitirá una señal de fluencia que producirá un efecto en el otro, facilitándole la interacción (equilibrándose) o bien dificultando el acercamiento (desbalanceándose).

De esta forma, los perros que van equilibrándose a medida que se acercan fácilmente llegarán a una sincronización y un acuerdo. Este tipo de situaciones suelen ser placenteras y conducen al éxito en sus relaciones.

Ese balanceo puede ser muy dinámico, combinando señales duras y suaves.

Por otro lado, si en ese acercamiento se van desbalanceando, sería equivalente a estar en una cuerda floja. Si no se toma una medida equilibradora, tarde o temprano se producirá un punto de inflexión donde se producirá la catástrofe.

REFLEXIONES DE FLUENCIA

«Lo que sabemos es una gota de agua;
lo que ignoramos es el océano».
Isaac Newton

Como el lector habrá podido comprobar, este libro aporta una nueva visión en lo que respecta a la forma de entender la comunicación canina.

Se ha tratado de exponer de forma sencilla la estructura y esencia de las señales de fluencia, aunque cabe destacar que esto no es más que la punta del iceberg, y una puerta abierta para aquellos que deseen adentrarse de forma profunda en el maravilloso y excitante mundo de la comunicación y lenguaje canino.

Cabe destacar que, en muchos casos, el lector lleva consigo una experiencia, conocimiento o formación previa que filtrarán todo lo expuesto, pudiendo distorsionar o incluso malinterpretar ciertos puntos o partes de la teoría y trabajo expuesto.

Es algo que debemos asumir y aceptar, ya que forma parte del proceso de crecimiento y desarrollo. Es por ello que siempre recomiendo a mis alumnos que una vez terminado un libro, vuelvan a releerlo tiempo después, una vez hayan puesto en práctica y experimentado la nueva información para que esta pueda convertirse verdaderamente en conocimiento.

Como broche final quiero dejarte una historia que viene a resumir de una forma excelente por qué debemos ser observadores más receptivos y plantearnos lo que vemos. Espero que te guste.

Era un día lluvioso, oscuro y cargado de relámpagos y truenos. Un perro callejero, buscando cobijo, se coló en un local explorando algún refugio para pasar la noche. Se adentró en el local hasta llegar a una gran habitación llena de perros, los cuales, como él, parecían refugiarse de la lluvia. Al verlos, quiso ser cordial y amable, así que se comunicó con ellos de forma suave y casi como un cachorro, y se apartó a un lateral para dormir sin molestar a los demás. Este grupo de perros de diferentes tamaños se mostró también amable y con una suave comunicación, se alejaron y se pusieron todos a dormir. Al día siguiente, tras despertarse, miró a los demás perros, que se incorporaron junto a él, giró la cara de forma tranquila y como dando las gracias se fue del local. Mientras se alejaba, seguramente pensaba para sí mismo «qué perros más amigables, seguro que regresaré».

Pasados unos días, otro perro callejero se adentró en el mismo local y llegó a la habitación donde estaban los demás perros. Esta vez, lo miraron fijamente, de forma amenazante, y empezaron a mostrar los dientes, mientras le amenazaban para morderle. El perro se puso a la defensiva y reculaba hacia atrás, sin dejar de protegerse de esos perros salvajes que había allí dentro. Consiguió mantenerles a raya hasta llegar a la puerta y salir corriendo de ese maldito lugar. Fuera ya del peligro, giró la vista para ver qué era ese lugar, para no regresar nunca más, y pudo ver un letrero en la entrada que decía «la casa de los espejos».

Este relato nos ilustra que muchas veces tenemos problemas para entender la comunicación de nuestros perros porque estamos educados a «leer» lo que emiten desde una perspectiva sesgada. Si nos dicen que una señal concreta indica que un perro es dominante, por ejemplo, tenderemos a proyectar nuestra idea de lo que eso significa, y posiblemente juzgaremos mal al perro.

Debemos cultivar el arte de observar y escuchar al perro («analizar», «leer») procurando prestar atención a los detalles, y teniendo en cuenta que nuestros miedos y limitaciones posiblemente hagan que nos cueste ver las buenas intenciones en ciertas acciones comunicativas.

Este libro pretende no solo aportar conocimiento para entender mejor a los perros, sino también ayudar al lector a tener una visión más amplia sobre la comunicación y todo lo que nos queda, hasta llegar a entender plenamente a nuestros mejores amigos, los perros.

RECURSOS

Más información sobre la filosofía de trabajo, comunicación avanzada, señales de fluencia e influencia en:

http://www.takoda.es
http://amclider.takoda.es
http://www.formacionescaninas.es

Para contactar con el autor puede hacerlo mediante el email: **info@takoda.es**

También puede contactar y seguir las publicaciones que se realizan en sus recursos en redes sociales como son:

@marcosjibanez   -   @marcosjtakoda

 **Instagram: marcosj_ibanez**

 Linkedin: https://es.linkedin.com/in/marcos-j-ibañez

 Facebook:
https://www.facebook.com/marcosjtakoda/

ANEXOS

DICCIONARIOS CANINOS

«Supongo que es tentador tra-
tarlo todo como si fuera un cla-
vo, si la única herramienta que
tienes es un martillo»
Abraham Maslow

Para hacer llegar el complejo sistema de comunicación observado a la gran mayoría, se realizaron simplificaciones en formato «diccionario canino». Los primeros diccionarios caninos fueron muy básicos y se centraban especialmente en las orejas y la cola. Según donde estaba la cola o las ojeras, significaba una cosa u otra. El nivel de reduccionismo fue tal que aún se escucha la frase «mueve la cola porque está contento».

En estos diccionarios caninos, la comunicación canina se explica como una serie de señales físicas donde cada señal significa una palabra, una frase, o significa una forma genérica y estandarizada de señal de dominancia, sumisión o corte/apaciguamiento/calma.

Esta perspectiva entiende los gestos corporales como unidades informativas inequívocas e universales.

Pero, ¿qué pasaría si lo planteáramos a la inversa? El perro siente un impulso y lo exterioriza mediante comportamiento y comunicación multinivel basada en su fisiología y experiencia previa.

Esto implicaría que las señales de corte/apaciguamiento/calma solo serían tales cuando consiguieran ese fin. Es por ello que un perro puede tumbarse por muchos motivos, y solo cuando el tumbarse es la expresión para ese contexto concreto para evitar el conflicto, solo entonces, esa señal cobrará el valor apaciguador.

Hay momentos en los que un perro, justo después de girar la cara y lamerse, ataca a su adversario. Muchas personas creen que estas dos señales son signos de «calma», pero en este sencillo ejemplo claramente se emiten en un contexto donde son señales precedentes a un ataque. En situaciones futuras es susceptible que al observar este perro en concreto mirar a otro perro, girar la cara y realmente, ataque nuevamente. Desde las señales de fluencia lo que se entiende es que el perro en cuestión no tiene suficientes recursos para afrontar esta situación y emite una combinación de señales duras, blandas y de autorregulación que no le resultan efectivas para equilibrar la interacción, y termina atacando. Este perro si no aumenta sus recursos es susceptible a que repita una y otra vez esta misma secuencia en el futuro.

De esta forma, un determinado impulso en un perro puede expresarse en señales corporales de forma diferente en otro perro, lo que hace que los «diccionarios» caninos actuales, en muchas ocasiones, sean más fuente de confusión que de ayuda.

Un perro en una situación conflictiva puede emitir una señal como «girar la cara» indicando al otro perro que no tiene intención de atacar. Desde una posición controlada y estable, con recursos suficientes para afrontar el reto que tiene delante, este perro afronta este conflicto el cual, según su experiencia, haciendo esta señal comunicativa, evitará que se produzca un problema grave.

Por otro lado, tendríamos un perro para el cual la situación le supera y gira la cara para mirar hacia donde puede huir, en caso de que el otro se mueva. Este segundo perro está inestable, con miedo, buscando salida y emite una señal muy similar a la del perro anterior, que muchas personas no especialistas, siguiendo los diccionarios caninos, podrían malinterpretar. A este segundo perro, al no ver opción de poder alejarse, no le queda más remedio que atacar.

Los diccionarios caninos, como el abecedario, son importantes paras iniciarnos en el mundo, pero como bien sabemos, no es suficiente con saber las letras, sino que lo que construye la palabra y su significado es la unión de las letras, conformando una palabra dentro de una frase. Es entonces cuando las letras cobran su significado.

DOMINANCIA EN PERROS

«La mente no domina al cuerpo, sino que se convierte en cuerpo. Cuerpo y mente son una sola cosa».
Candace Pert

Se considera que el concepto de dominancia social fue introducido por Schjelderupp-Ebbe (1922, Z. Psicol 88: 226-252). La dominancia se define como un atributo del patrón de interacciones agonísticas repetidas entre dos individuos, caracterizado por un resultado consistente a favor del mismo miembro de la díada y una respuesta de rendimiento por defecto de su oponente en lugar de la escalada. El estatus del ganador consistente es dominante y el del perdedor subordinado. El estado de dominio se refiere a las díadas, mientras que el rango de dominancia, alto o bajo, se refiere a la posición en una jerarquía y, por lo tanto, depende de la composición del grupo. La dominancia es una medida relativa y no una propiedad absoluta de los individuos. Esta reflexiva explicación fue resumida como «ley del más fuerte».

La dominancia era considerada como una cualidad inherente a algunos individuos, la cual otros carecían, los sumisos.

- Schjelderupp-Ebbe, T. Beiträge zur Sozialpsychologie des Haushuhns. Zeitsch Psychol. 1922; 88: 225–252

La idea de aplicar este concepto al estudio de lobos se considera que proviene de los estudios realizados por Rudolf Schenkel en el zoológico de Basilea. Estudió lobos europeos en cautividad, que no estaban relacionados entre ellos, y los puso en un mismo recinto para observarlos. De esta forma, desarrolló toda esta teoría en jerarquías y esta teoría se ha basado prácticamente todo lo que conocemos acerca de los perros.

Schenkel (1947) designó como «expresiones» las funciones de estructuras que tenían «valor biológico de significado» que participan en la orientación de la interacción e influye en la elección, por ejemplo, la liberación.

Se trata de un libro realmente interesante y repleto de matices, más allá de la idea de «Dominante=Agresor».

Es quizás Konrad Lorenz quien dio a conocer la idea y diferencia que hoy entendemos entre dominancia y sumisión en perros en su libro *King Solomon's Ring* (1949).

- Schenkel, R. 1947. *Expression studies of wolves. Behaviour*, 1:81-129. Schenkel, R. 1967. *Submission: its features and function of the wolf and dog*. Am. Zool. 7:319-329.

SUMISIÓN

Según Schenkel, las señales de sumisión tienen la misión de reducir la amenaza y propiciar el acercamiento. Pretenden buscar harmonía en la integración social. Este tipo de señales se dividen en:

- Sumisión activa: se utilizan para evitar el contacto directo. Ejemplo: sonrisa, cola baja, ralentizarse, reducir cualquier señal de amenaza.
- Sumisión pasiva: derivado del comportamiento de los cachorros: petición de alimentos, investigación olfativa, lamido anogenital, desviar mirada, bajar la cabeza, quedarse inmóvil al tacto, orinar.

SEÑALES DE CORTE

Son señales que se emiten para posponer o romper el conflicto. Mencionado por Timbergen (1964: 216) como «movimiento de compromiso» y no un gesto de «sumisión», invita a un empate o irse sin más conflicto y sin lesiones. Es un corte entre luchar y huir.

La importancia de las señales de corte ha sido reconocida desde hace mucho tiempo y se considera que el concepto fue descrito por primera vez por Chance en 1962.

Las señales de corte son movimientos moduladores sociales empleados para posponer o romper el conflicto agonístico. Estos movimientos suelen estar compuestos por intenciones de escape (girar el cuerpo, girar la cabeza hacia un lado, cerrar o bajar los ojos) o actividades de desplazamiento (como bostezar).

Además de producir efectos pacificadores, las señales de corte parecen influir en el oponente para llegar a un compromiso mutuo. Leyhausen (1973: 304-305) reconoció esta función pacificadora, aunque indica que no solo es una oferta de paz, sino que también contiene una advertencia de no llevar las cosas al límite,

Como podemos observar, las señales de corte, con su función pacificadora y de acuerdo de paz, se conocen desde hace muchos años.

- Chance, M.R.A. *An interpretation of some agonistic postures; the role of «cut-off» acts and ostures.* Symp. Zool. Lond. 1962;8:71–89.

- Leyhausen P (1973*). The biology of expression and impression. In BA Tonkin (Trans) Motivation of Human and Animal Behavior: A Ethological View.* New York: Van Nostrand Reinhold Co.

- Tinbergen N (1964). *The evolution of signaling devices. In W Etkin (Ed). Social Behavior and Organization Among Vertebrates.* Chicago, IL: Univ of Chicago Press.